それでいい！今どきの仏事108問答

高野山真言宗功徳院住職
松島龍戒
Ryukai Matsushima

WAVE出版

はじめに

つらいときや悲しいとき、お寺で手を合わせていると、「仏さま」がやさしく包み込んでくれて、心が少し楽になったということはありませんか?

そう、「仏さま」はあなたのすべてを認め、大きな器で私たちに寄り添い、救ってくださる存在なのです。

ところが、「仏事」となると、まったく別になってしまうことがあります。


「北枕は縁起が悪い」

「お墓を引っ越しするなんて!」

「妻の実家と一緒のお墓はタブー」

「家族葬にしたら怒られた」

「合葬墓なんてさびしいじゃないか」

「仏壇がないと、先祖が帰ってこられない」

「嫁ぎ先の宗派に改宗すべきだ」

「法事は午前中が常識」

「幽霊が見えるなんて、病気じゃないか」

などなど……。

「あれはダメ」「これもダメ」「それじゃバチが当たる」「そんなの迷信だ」などと、伝統や慣習、さらには迷信も入り交じって、がんじがらめ、なんだか窮屈な感じがします。

さらに追い打ちをかけるように、たとえば、悲しみのどん底のお葬式やご法事の場で、それぞれの実家や親戚、仕事先などから、そのやり方について「あーでもない、こーでもない」と苦言を呈されて、悲しむヒマもなかった……などという経験談を聞くたびに、仏事とは、いったい誰のために、何のためにやるのか、と疑問に思うこともしばしばです。

その昔、仏教の開祖・お釈迦さまは、人の悩みが千人千通りであることを見抜き、その人の性格や経験、悩みの深さに応じて教えを説かれました。

これは、医師が、患者の病状などに応じて薬や治療法を施す「応病与薬《おうびょうよやく》」のごとき、その人にもっとも適した、オーダーメイドの教え方のことで、万能薬のような、誰にでも有効なものではなく、私たち一人ひとりの悩みに合わせて調合される「心のお薬」なのです。

そもそも仏事とは　こうした仏さまの意志を継いだお弟子たちが発展、進化させたものですから、宗派や地域、時代、さらに、私たち一人ひとりの「違い」に合わせてさまざまなやり方が生まれ、正解や

「べき」は、ひとつではないのです。

にもかかわらず、仏事のノウハウ本やネット情報では、仏事はこうであるべき、という「常識」ができあがり、それ以外のやり方は「非常識」に思われがちです。

本書は、仏事に関する108の質問に、すべて「いいえ」の出だしでお答えした問答集です。

この「いいえ」は否定ということではなく、「ベッドを北枕に置いている」といった、一般的には非常識と思われてしまいそうなあなたの仏事を、「いいえ、それでも大丈夫です！」と共感し、仏事の正解はひとつではないことを伝えようとするものです。

とかく仏事は「これをしてはダメ」という禁止事項が多いような気がしますが、仏教二五〇〇年の智慧は、「あなたの常識、すべて大丈夫」という根拠を見いだし、人それぞれの思いやご事情に寄り添ってくれるはずです。

本書が、一度しかない人生をよりよく生き、よりよくしめくくりたいと望んでいるかた、そして、大切な人を亡くされたかたが安心して仏事にのぞんでいただけるよう、そして仏事を「やらなきゃいけないもの」から「やりたいもの」に思っていただける一助となれば、仏教僧侶として、こんなうれしいことはありません。

合掌

松島龍戒

今どきの仏事108問答　もくじ

装丁・本文 松田行正＋梶原結実

イラスト 沖野雅明

校正 小倉優子

第1章

お墓の建立

◆「お墓は人生の記念碑」

お墓の価値観はここ三〇年で大きく変わったように思います。

そのきっかけは、ちょうど平成になるころ、「合葬墓」と呼ばれる、それまでにはないコンセプトのお墓が登場したことだと、私は感じています。

「合葬墓」とは、家族や檀家の区別なく、たくさんのかたが一緒に入る形式の合同のお墓のことで、「合祀墓」あるいは「永代供養墓」などと呼ばれることもあります。

平成以降にできた合葬墓の特徴は、生前から申し込みできる、宗教宗派を問わない、子どもなど墓地継承者の有無を問わない、管理費が基本的に不要、会員交流を重視しているなど、それまでのお墓のイメージをくつがえすものでした。

それまで合葬墓は、「無縁仏」がしかたなく入るさびしいお墓という印象が強く、結婚して子を産み、家を守り、先祖代々の「家墓」に入るのがあたりまえだった当時、大変差別的に見られていました。

しかし、当時のあたりまえだった「家墓」では、平成の世に入り急速に多様化した、人生をどのようにしめくくるか、というさまざまなニーズに十分こたえられず、さまざまなコンセプトの合葬墓が登場、当初差別的であった合葬墓も、現在では多様なニーズの受け皿に必要、意義あるものとの理解を得るに至っています。

いまやお墓とは単なる遺骨埋蔵の場だけでなく、人それぞれが送った人生の証しとも位置づけるべきものとして、何ものにもとらわれず、自由に決めることができるようになりました。

旧来のお墓の形や古い考えだけにしばられることなく、お墓を自分自身の生き方にふさわしい「死後の住処」として、よりよい選択をしていただきたいと思います。

1 生前にお墓を建てると縁起が悪い？

いいえ。

むしろ生前にお墓を建てておくことは、昔から長寿の象徴とされることから、「寿陵《じゅうりょう》」とも呼ばれています。

生前墓が長寿につながることが単なる迷信ではない理由として、
・お墓は来世での住処であり、命の継続を信じさせてくれる
・お墓がなかったらどうしようという将来の不安がなくなる

・お墓を基準に、終活《しゅうかつ》（老後の住まいをどこにするかなど）をスムーズに考えるきっかけになる

などがあげられます。

このようにお墓の生前建立は、さまざまな不安をとりのぞき、安心した人生を送るために有効なのです。

かつては、私たちは「先祖の墓」に入ることが決められていて、ばくぜんとした安心を得ていました。

しかし昨今、家制度は事実上崩壊し、「家」のお墓を継承するという意識は薄れ、さらに生活範囲の拡大などから、

「死んだらどこのお墓に誰と入るのだろう」

「自分の死後、子どもたちにお墓の心配をかけたくない」

などという心配をするかたが急増する時代になりました。

最近では後に紹介するような、現代の諸事情に合わせたたくさんのお墓の形式が登場してきていますので、「生前墓は早死する」という迷信にとらわれず、早すぎず遅すぎず、元気な間によりよいお墓選びをしていただきたいと思います。

2 四十九日法要に必ず納骨しなければならないの？

いいえ。

四十九日法要に必ず納骨しなくても大丈夫です。

そもそも、なぜ四十九日に納骨しなければならないのでしょうか？

四十九日の法要は、亡き人が無事に仏さまの世界（極楽）にわたれるかどうかの、裁きが下される日のことです。

のこされた家族は、無事に極楽に行くことを願い、亡くなった日を起点に七日ごとの法要を行ないます。

つまり、四十九日までの間は、魂はこの世にとどまる「中陰《ちゅういん》」という状態で、四十九日の裁きの結果、ようやく来世へ行くことができることから、四十九日の別名を「満中陰忌《まんちゅういんき》」ともいいます。

ちなみにお通夜、お葬式のお香典を「御霊前《ごれいぜん》」、四十九日法要以降のお香典を「御仏前《ごぶつぜん》」と書くのはこのためで、無事に仏の世界に旅立つことができた亡き人への思いを断ち切り、お骨もお墓に納めようというのが、四十九日に納骨をする理由です。

ところで、この話を聞いたからといって、長年ともに過ごした大切な人の思いをただちに断ち切れる人はそう多くないと思います。

最近では昔と違って、お墓が近くになく、めったにお参りに行けないなどの事情もありますし、もう少しそばに安置していたいという気持ちも、理解できます。

また、「献体」（61ページ参照）をされるかたは、四十九日に納骨することは現実的に不可能ですので、必ずしも日にちありきで進めなくても大丈夫です。

もちろん、永遠に家に置くことはできませんので、いつかは気持ちに区切りをつけなければなりません。

たとえば一周忌、三回忌あたりに納骨してもよいと思います。

また、お骨の一部だけを手元に置く、「分骨」（36ページ参照）、「手元供養」（59ページ参照）などの折衷案《せっちゅうあん》も検討されるとよいでしょう。

3 妻の実家と一緒にお墓に入るのはタブーですか？

いいえ。

最近ではむしろ、墓地維持のためにそのような選択をしたいというニーズが高まっています。

かつて、「姓が違う人は同じお墓には入れない」といわれていた時代がありました。

現在でも墓地管理者の方針や、地域のしきたりなどで、このようなケースを認めていないところもあるようです。

しかし、お墓は「できるだけ長く後世に維持をする」ことも大切です。

私が住職をつとめる寺の霊苑には、娘二人の嫁ぎ先家族と実家、合わせて三つの姓を彫刻しているお墓があります。

このお墓の持ち主Bさんのお子さまは女の子二人。

Bさんは、やがて二人の娘が嫁げばB家は絶えてしまい、お墓の維持や供養ができなくなるという心配を持っていました。

そこで、嫁ぎ先のC家、D家も一緒に入ることを決めたとのことです。

こうすることにより、娘の嫁ぎ先のうちの誰かがお墓を引き継いでくれると、安心に至ったケースですので、ぜひご参考にしてください。

4 墓石には○○家と書かなければいけないの？

いいえ。

必ずしも「家」の名前を彫刻する必要はありません。

先の12ページのように、最近では姓の違う複数の家族でお墓に入るケースが増えてきました。

その場合、二つから三つ、あるいはそれ以上の「姓」を彫刻するのもひとつの方法ですが、最近はあえて、名字を彫刻しないお墓が増えています。

「南無阿弥陀仏」

「南無妙法蓮華経」

「南無大師遍照金剛」

など、宗派の特色をあらわすものから、

「ありがとう」

「縁」

「絆」

「感謝」

「永遠」

など、精神性や願い、その他仕事や趣味を反映した文字を彫刻する場合も多いようです。

そのほうが将来、姓が増えても安心ですし、各家のパワーバランスにかたよることもなく、昨今の家意識からは有効に思えます。

もともとお墓は、ひとり一基の時代もあり、「家」という標記にこだわらないほうが、さまざまな家族の変化に柔軟に対応できるでしょう。

5 お墓（お骨）の引越しはできない？

いいえ。

「改葬届許可申請」という、行政手続きをすれば可能です。

お墓の引越しのことを「改葬」といいますが、最近、さまざまな事情により改葬を検討するかたが増えています。

たとえば、

「若いころはドライブも兼ねて楽しくお参りに行ける、郊外の大規模霊園を購入したものの、高齢になり、それも難しくなってしまった」

または、

「実家にはもう誰も住んでおらず、先祖のお墓だけが残されてしまった」

というようなケースです。

こういった事情がある場合、何も対処をせずにいると、いずれ撤去されたり、無縁になる場合もありますので、改葬することは大変意義あることです。

ただし、改葬は先祖の思いや、お寺との関係に大きな影響を及ぼすので、熟慮のうえ、家族や親族、お寺などとの相談を密に進めていただきたいと思います。

6 墓じまいはお骨を粗末にすると言われましたが……

いいえ。

むしろしっかりとした供養を継続するために必要で、尊い行ないです。

多くのかたが、墓じまいと聞くと、もうお墓を維持することができなくなった、つまり「家」を存続させることができなくなり、これまでの立派なお墓から、粗末な無縁塚に格下げになってしまったことをイメージするのではないでしょうか。

「墓じまい」とは、具体的には、子どもがいないなどの理由で、「○○家先祖代々」という一戸建てのお墓を永代供養の「合葬墓」に移し、以降、管理費などの費用負担をなくし、お寺などに永代供養を委任するということです。

墓じまいは、お墓をなくしてしまう粗末な扱いではなく、新しい供養を始めるための積極的な手続きと考えれば、意義あることと理解いただけるはずです。

7 合葬墓に入ることはそんなにさびしいことですか？

いいえ。

最近の合葬墓は「墓トモ」と入る、前向きで明るいお墓と考えるかたがたが多くなっております。

一昔前まで、合葬墓というと、供養する家族がいなくなったお骨を集めた「無縁墓」を想像するかたが多かったように思います。

だいぶ前のことですが、お参りで訪れた公営霊園で、仏像や納骨者名もなく、お花ひとつ供えられていない、とてもさびしい印象の無縁墓を見かけたこともありました。

こういった「行き場を失った人がしかたなく入る無縁墓」と、最近の合葬墓では、外見の雰囲気もコンセプトもまったく異なります。

合葬墓の中でも特に人気が高まってるのは、会員同士が旅行やサークル、先にお墓に入った仲間を供養する法要に参加できる「場」があるものです。

このようなお墓の縁で結ばれた仲間のことを最近では「墓トモ」と呼んでいるようです。

合葬墓は、血縁ではなく「墓トモ」と一緒に生前死後を過ごす合同のお墓のことで、費用も安く、多くの場合、維持費不要であること、そして永代供養もお寺にお任せできることなどから、血縁がいない、または頼りたくないと考える人を中心に利用が急増しています。

最近では、男の子はいるけれど、お墓の維持管理で、子や孫に負担をかけたくないという理由から、あえて生前に合葬墓を決めておくというかたも増えています。

このように合葬墓とは、「無縁仏の最終処分場」ではなく、「無縁にならないように」生前死後の縁を広げ、お墓の維持管理、供養を合理的に継続するために大変有意義です。

このような合葬墓は平成元年ごろから注目され始め、その数は現在全国に一四〇〇カ所以上ともいわれています。

明るく楽しい合葬墓の選択も考えてみてはいかがでしょうか?

8 夫と一緒のお墓に入りたくないと思うのはよくないこと？

いいえ。

そんな思いを持つことは、人によっては自然なことで、理解できます。

ただし、誤解をされませんように。

夫婦で別のお墓に入る気持ちを理解できるからといって、夫婦仲が悪くなることを推奨しているわけでは決してありません。

これだけ個人主義、信教の自由などという言葉が日常的に使われているにもかかわらず、いまだに女性は「嫁いだら家の宗教に改宗する」「嫁ぎ先の墓に入る」という「家」中心の考え方のもとで生かされていることに、少しだけ違和感を感じているだけなのです。

「女は三界《さんがい》に家なし」と言われるように、子どものころは親に従い、嫁いだら夫に従い、老いては子に従うべきとされ、現世での一生、どこにも安住の場がないと感じる女性は決して少なくありません。

いっぽう男性は、生まれ故郷を飛び出し、日本全国、世界を飛びまわり、そのつど仮の住まい（住民票）が変わろうと、最期は故郷（本籍地）に帰る場所があるという精神的安心があります。

つまり、夫と一緒のお墓に入りたくないという思いは、せめて来世では、この世での仮住まい生活から解放され、「安住の地」に住処を設けたいという気持ちのあらわれとも思うのです。

実は私が住職をつとめる寺が運営する霊苑の利用者には、そのような思いを持つ女性が、決して多数派ではありませんが、徐々に増えてきています。

そのようなご相談をお受けするたびに、右記のような思いがあるのだろうかと推察し、よくご主人と相談することをおすすめし、よろしければぜひお入りくださいとご案内しています。

ご主人は、奥さまが「別のお墓に」と言ってもただちに反対をせず、さまざまな複雑な思いで毎日を必死で生き、ご主人を支えてこられた奥さまの話にもぜひゆっくり耳を傾けてあげてください。

たとえ意見が折り合わずとも、たとえばお骨を分骨して、一部は奥さまの希望のお墓へ、一部はご主人と一緒にしたり、またお位牌はひとつにするなどの折衷案も見いだせるはずです。

そもそも仏教では、有名な沢庵和尚が「この世は仮の宿」と、私たちは本来の住まいである仏の世界からたまたま飛び出し、現世という仮の世界で短い期間を過ごしてきただけだと説いています。

お墓とは、本来自分が住むべき場所に帰ってからの「終《つい》の棲家」。

そんな広い仏教的視野で、もう一度ご自身のお墓について考えてみてはいかがでしょうか。

9 子どもがいないけど一戸建てのお墓は無理？

いいえ。

最近では子どもがいなくても、利用できるお墓が増えています。

そもそも「〇〇家先祖代々の墓」というような、各家で占有する一戸建てのお墓は「家」が代々続いていくことを前提に建てるものです。

したがって、かつて子どもがない家は、お墓を建立しにくい状況にありました。

なぜなら多くの寺院墓地や公営霊園は、「直系男子」がいることを墓地購入の条件にしているところが多かったのです。

しかし最近では（特に都市部の霊園に多いと思いますが）、さまざまなお墓の工夫により、こうした条件を緩和している霊園も見られるようになりました。

具体的には、管理費前納型（永代、または管理費分の年数お墓を維持してくれる）、有期限型（一定年数のお墓を維持してくれる）、折衷型（一定年数維持のあと、永代供養のお墓に埋蔵してくれる）などの方法があります。

私が住職をつとめる寺が運営する霊苑では、管理費前納型、折衷型の制度のお墓があります。

たとえば管理費前納型は、墓地の永代使用料、墓石代に加え、永代管理料を納入いただくことで、永遠に墓石を残し、さらに過去帳に記入、お寺が続く限り供養するというお墓です。

この区画は、用意した場所が短期間で完売となり、「子どもはいないけれど、永代供養の合葬墓には抵抗がある」と考えるご夫婦が少なくないことを実感しました。

このように、子どもがなく、いずれお墓が絶えてしまうことに抵抗があったり、せめて限られた期間だけでも夫婦だけで一緒に住まいたい、または親戚知人が元気な間、つまりお墓参りに来る人がいる期間くらいは一戸建てのお墓がほしい、このように考えるかたに、時代とともにさまざまな制度のお墓が登場していますので、ぜひお元気なうちに検討してみてください。

なるほどお墓は、この地球上に永遠に残ることが理想かもしれません。

しかし、そもそも仏教では三十三回忌には「弔いあげ」といって、「個から先祖になる」という考えもあり、個別の位牌をなくし、先祖の位牌に仲間入りさせるという習慣もあります。

お骨、お墓も同様、数十年先のことは諸行無常と柔軟に考え、「今」一戸建てのお墓に入る、さまざまな方法があることをぜひ知っておいてください。

第2章

お墓参り

◆「亡き人を近くに感じるために」

「供花は菊」
「お供えはおまんじゅう」
「生ものやお酒はよくない」

お墓参りというと、なぜか「それらしい」「こうすべき」というものがチョイスされがちです。伝統的な考えや宗教観に反したことをすると、「バチが当たるのでは」「非常識と言われるのでは」という意識もはたらくのでしょうか。

しかし、お墓参りの意義は、「亡き人を近くに感じる」ことでもありますから、本来は供える人と、供えを受ける人の気持ちが通じ合ってさえすれば、どんなお供えでもやり方でもありがたいはずです。

お墓参りの作法、お供え物の意味やさまざまな考え方を知っていただき、自分らしく、そして何より、亡き人にいちばんよろこんでもらえるように、お墓参りやお供えをしていただきたいと思います。

10 お供えもの、お酒はダメ？

いいえ。

亡き人が好きだったものを供えることは、とてもよいことです。

たとえばお酒ですが、仏教では、「不飲酒」という戒律があり、基本的にお酒は推奨されません。が、お坊さんでも、檀家さんとのおつきあいや「酒は百薬の長」と、上手にお酒とつきあうことは、戒律を守る以上に大切な場面もあることから、たしなんでいるかたが少なくありません。

こうしたことから、亡くなったかたが大好きだったお酒をお墓にお供えすることは決して悪いことではありませんが、お酒をお供えするときにはいくつか注意していただきたいことがあります。

まず、お酒を飲んでもらおうと、直接墓石にかけたり、墓石の水鉢に直接入れてあげることは、石を痛めることにつながりますので避けるべきでしょう。

また、ふたをあけて、そのままにして帰ることは管理衛生上好ましくありませんし、実際には誰かが片づけをするわけですから、マナーの一環として、お帰りになるときに持ち帰るか、水場に流し、ビンや缶、紙パックは捨てて行くのが礼儀です。

また炭酸飲料のビールや酎ハイなどは、栓をあけなくても暑さで破裂したり、お酒がふきこぼれて墓石を痛めるなど、思わぬ事態を招く可能性もありますので、そのまま放置することは避けたいところです。

以上のことから、お酒をお供えしたい場合は、専用の酒器やグラスを持参し、お参りが終わったら洗って帰るようにすればよいでしょう。

お墓も公共の場ですから、亡き人への供養とマナーを両立させてお参りいただきたいと思います。

11 お供えもの、タバコはダメ？

いいえ。

お酒と同様、亡き人が好きだったものをお供えすることは大変ありがたいことです。

しかし、昨今の世俗におけるタバコの賛否同様、公共の場であるお墓でのタバコのありようにも配慮が必要です。

私は以前タバコを吸っていたので、愛煙家、嫌煙家両方の気持ちをそれなりに理解できるつもりで、以下記してみます。

まず、そもそも霊園内が禁煙であれば、故人もそのルールにしたがうべきだと思うのです。

私は僧侶として、お酒や生ものなど、本来仏教で推奨しないお供えものであっても、亡き人がすぐそばにいるような気持ちで供養するのであれば、生前お好きだったものを優先するべき、と考えています。

亡き人も生者も、住む世界や命の形に区別なく向き合うことを大切にすべきで、亡き人もときにがまんしていただいたり、周囲のお墓や、参詣者の迷惑にならないように、「吸って」いただきたいと思います。

また、たくさんのかたが同じ場所にお参りする合葬墓の香炉に、お線香と同じようにお供えすることも、マナー違反だと思いますので、配慮が必要です。

霊園内の所定の喫煙場所で「亡き人とともに」一服するか、または、タバコの箱の封を開け、火をつけずにお供えし、それを持ち帰り自宅のお仏壇に供えるのもよいと思います。

12 タバコは戒律で禁止されているんじゃないの?

いいえ。

仏教の戒律ではタバコは禁止されていません（もっとも戒律ができた時代にタバコがなかったからという

説もありますが……）。

そして、タバコの煙にはお線香と同じような意味があるのです。

つまり、お線香の煙には、仏さまに香りを召し上がっていただく、「香食《こうじき》」という意味もありますし、さらに「煙」によって毒虫、ひいては私たちの心から煩悩や、厄を追い払うという、いわゆる魔よけの意味もあります。

煙を供える二つの意味は、タバコも同じなのです。

ただ悲しいかな、昨今では、お線香と同じ場所で供えてよいほどの市民権がタバコには得られていないだけなのです。

仏教的な視野でいえば、少数派多数派の違い、香りの違い程度のことなのですが、残念ながら、タバコに対する逆風はまだまだ強く、愛煙家だった故人様にもつらい時代なのかもしれません。

13 ビンのふたやお菓子の封は開けてお供えしたら失礼？

いいえ。

むしろふたや封は開けてお供えしたほうがよいでしょう。

その理由のひとつは、お供えには、手やお箸を使って食べることができない仏さまや亡き人に「香りを召し上がっていただく」という考え方があるからです。

これは私が高野山のお寺で修行していたとき、当時のご住職であったご老僧からお聞きしたことです。

ちなみに高野山では、この考え方に通じる、独特の野菜のお供えのしかたがあります　大根やにんじんなどを門松の竹のように、ななめに切り落とします。

野菜が上から下まで新鮮であることを示す意味と、お野菜の香りがより多く仏さまに届きますようにと願う意味があるからだそうです。

ちなみに、切り落とされたほうの部分がわれわれ修行僧のおかずに使われるのです。

このように仏さまや亡き人にとって「香り」はとても大切なお供えものですからぜひ、ふたや封は開けて差しあげましょう。

ただし、そのまま放置して帰ることは、よくない香りに変わる原因になりますし、霊園全体の管理衛生上からも好ましくないことは言うまでもありません。

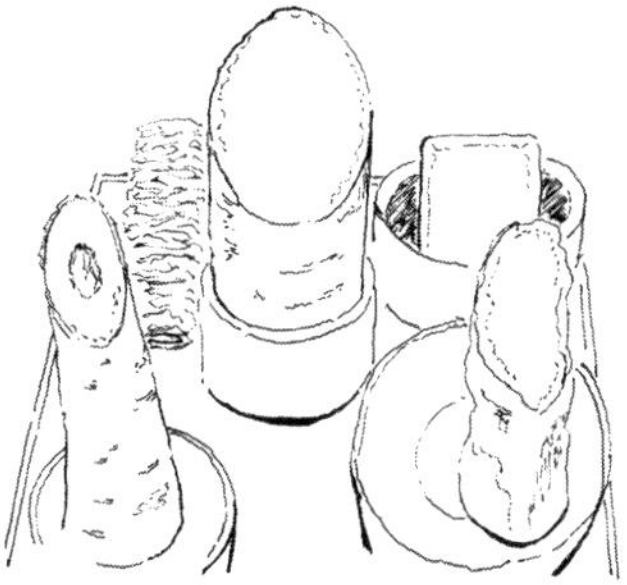

高野山独特の野菜のお供え

14 お供えものは持って帰ってはダメ？

いいえ。

墓前や本堂に供えたものは、仏さまやご先祖さまからのお下がりものですから、お持ち帰りになり、皆さんでいただくとよいでしょう。

その理由は、霊園の管理衛生上の問題もありますが、ここでは日本古来の文化という面からお話してみたいと思います。

「共同飲食」という言葉があります。

これは、冠婚葬祭や収穫祭など年中行事のときに、家族や親戚、地域の人々が集まり、同じものを一緒に食べるという文化です。

特に神道のお作法では「神人共食《しんじんきょうしょく》」といって、儀式のあと、神さまへのお供え物は皆で一緒に食べるのです。

つまり、神さまも私たちも、同じものを食べるという考え方です。

神道よりも後に日本に定着した仏教でも、明治時代になるまでは「神仏習合《しんぶつしゅうごう》」といって、儀式の多くが共通していたことから、仏教の儀式やお墓参りのお供え物の扱いも神道のそれと同様に定着したと考えられます。

したがってお供え物を家に持って帰り、場合によっては仏壇に供え、ご家族親戚皆さんでいただくことは、大変ありがたいことといえるでしょう。

15 供養とは、故人をお供え物で養うという意味？

いいえ。

そもそも供養とは、「供《とも》に養う」と書きます。

一般には「故人や先祖にお供え物をして養うこと」と理解されやすいかもしれません。

しかし供養は、仏となった故人さまから私たちが授かるもの、とも言えそうです。

こうした意味が語源になっているのかもしれませんね。

もっとも最近では、お供えものは、檀信徒のかたが「お寺の皆さんでどうぞ」という気持ちでお持ちいただくという習慣も定着しているようです。

私自身も、お墓参りやご法事のあと、「神人共食」のお話をしたうえで、お持ち帰りをすすめることがあるいっぽうで、「いつもお世話になっているお寺の皆さんに食べてもらいたくて」と、それこそあちこちを歩いてお品を選んできてくれたというかたに「持ち帰りください」とは言いづらい場面もあります。

時代やお寺との関係性、霊園の決まりごと、さまざまな事情で迷ったときは、ぜひお供えものの本来の意義を思いだして、施主さまのお気持ちに沿うやり方をしていただければと思います。

16 バラの花はトゲがあるので供えてはいけない？

いいえ。

亡き人のためにという思いがあれば、どのような花でも大丈夫です。

ただし、一般的にはバラのようにトゲのある花は供えるべきではないという考え方もあります。

バラの花がよくないとされるのは、トゲが争いごとを好まない仏教から見たら、まさにとげとげしく、攻撃的で縁起が悪いイメージがあるからとも言われています。

余談ですが、私が若いころ、友人のご結婚のお祝いに「包丁」を贈ったことがありました。常識を今以上に知らなかった当時「おいしい料理を作っていただけたら」という思いで選んだのですが、のちに結婚祝いの品に包丁を贈るのは「二人の縁を切る」「不吉」などの理由から大変非常識な行為だと知り、恥じ入ったという経験があります。

トゲのあるバラが供花にむかないとされるのも、第三者から見たらこのようなニュアンスを感じるからなのかもしれません。

しかし、僧侶となった今では、刃物は不動明王の魔よけの剣にも通じ、夫婦の災いや悪縁を断ち切る縁起ものという解釈もでき、決して悪いことばかりではないとも思えます。

要は、贈る人の気持ちを贈られる人が理解さえしていればよいということなのかもしれません。

次の「毒のある花」の項でもお伝えしますが、お墓に供えるお花は魔よけの意味もあり、バラのトゲは、よりいっそうお墓を守る効果と安心があるともいえます。

もっとも、お花を片づけてくれる人がケガをしないよう、すぐに持ち帰る、またはトゲのないバラを供えるなどの配慮は必要です。

17 毒がある花は供えてはいけない？

いいえ。

そのようなことはありません。

以前、人気絶頂のまま若くして亡くなった歌手、ZARDの坂井泉水さんのご葬儀では、たくさんのアジサイが印象深く飾られていました。

アジサイは毒を持つ花と言われていますが、といってアジサイの祭壇に果たしてどれだけのかたが違和感を持ったでしょうか。

ちなみに、なぜ祭壇や仏壇、お墓にお花を供えるのでしょうか。

亡き人へのプレゼント、香りを捧げる、あるいは、お花は供える人のほうを向けて飾ることから、私たちの心をなぐさめ、安心させるためなど、さまざまな意味があります。

仏教的、実用的な理由としては「魔よけ」、ひいては「厄除け」のために、より効果がある「毒」を持った花を供える、というのがその根拠です。

昔、土葬だったころ、遺体をけものに荒らされぬよう、お墓のまわりに植えられたのは、ほかならぬ美しくも毒のある「彼岸花」や、仏さまの木「しきみ」などでした。

そう、お花を供えたのは、毒を以て毒を制す必要があったからなのです。

同時に昔の人は、単なる「けものよけ」というより、「魔よけ」「煩悩よけ」というように、ご不幸ごとのとき、あの手この手を用いて「厄払い」を願っていたのです。

前述の「バラのトゲ」も、このような意味からは、とても意義あるものといえるでしょう。

現在ではさまざまなお花がいつでもどこでも手に入るようになり、供花の意味もプレゼント、癒やしというように幅広くなっていますが、そもそも毒やトゲなどの「武器」を持っているほうが、本来の供花の役割を満たしているとも言えそうです。

供花を選ぶときは、亡き人のため、その人らしさを感じられるお花を、毒やトゲの有無にこだわらず選ぶことがよろこばしいと思います。

18 供花を置いていくのはよくない？

いいえ。

お花は供えたまま置いて帰ってもかまいません。

前述のように、お花は「魔よけ」の意味もあり、亡き人の大切なお骨や魂をさまざまな災厄から守るためにも、できるだけお墓に供えていたほうがありがたいという考え方があるからです。

それと、お花にはもうひとつ大切な意味があると私は考えています。

それは、私自身が霊園の管理を通じ、多くの参詣者さまとお話していて思うことなのですが、「お花は墓所全体を華やかに彩り、参詣者を色と香りでなごませてくれる」ということです。

これも高野山での修行中に学んだことですが、お墓や仏壇にお供えするものはすべからく荘厳、つまりはお飾りであり、供える人自身のためでもあるのです。

たくさんのお花が供えられている霊園の姿は、多くの参詣者さまにとって、「いつも誰かがこの場所にお参りに来て、にぎやかで活気があり、故人もきっとさびしい思いをしていないだろう」という安心感をお持ちいただけるようです。

仏教ではこのような考え方を「相互供養相互礼拝」といいます。

供えたお花が、自分たちだけのためでなく、たくさんの人のために役立ってもらいたいと願う、お互いに供養し、尊敬しあう精神です。

供えたお花はもちろん持ち帰ってもかまいませんが、ぜひ霊園全体を彩り、多くの人々の安心の一助となるよう、そのまま置いてお帰りください。

ただし、ご利用の霊園に日常的に管理掃除する人がいるのかどうかを確認しましょう。

管理者が常駐していない公的な霊園などでは、そのままお花を放置しておくと、衛生上もよくありませんし、蚊が増殖することにもつながりますので、臨機応変に対応してください。

第3章

仏壇

◆「毎日拝む、が基本」

かつて多くの家では「仏間」を一部屋用意し、大々的にお仏壇をかざり、荘厳し、お守りしていました。

それもそのはず、仏壇は「ミニ本堂」で、つまり本来であれば、日々お寺やお墓に参るべきところ、それがなかなかできないために、家に「本堂」をしつらえて、毎日拝んで、祈願や供養をしたのです。

やがて住宅事情や家族事情により、お仏壇は小型化の一途をたどっていますが、「毎日拝みたい」という意味は変わりません。

その基本さえ理解していれば、近年の現代的ニーズに合わせてさまざまに多様化するお仏壇や位牌にも、むしろ本来の「日々拝む」という意義をまっとうするために有効な方法であると納得が得られるのではないでしょうか。

19 仏壇は作らなきゃだめ？

いいえ。

必ずしも作らなくて大丈夫です。

お仏壇とは先祖代々のお位牌や仏さまをご自宅に祀り、日々の感謝を捧げる、いわばミニ本堂です。

物心つくころからお仏壇に手を合わせている人は、おかげさまの心や、目に見えない存在に守られているという意識から、善悪の戒めや、やさしさが芽生えやすいとも言われ、お仏壇とは供養のためだけでなく、人の成長に大変重要な役割を持つ、価値あるものであると思います。

しかし、近年、特に都市部では、現実にお仏壇を持つことができないケースが大変多くなり、たとえば、単身世帯のかたが亡くなり、その人には嫁いだ女のお子さましかいなく、「家」が絶えてしまうというような場合、たとえお仏壇を作っても、嫁ぎ先の家に置くということは現実問題として難しいことかと思います。

お仏壇も、お墓同様、「家の存続」あってこそ維持できるもので、子どもがいない、女の子だけというご家庭にとっては、仮にお仏壇を作ったとしても、やがてはお守りする人がいなくなり、仏壇じまいをせざるを得なくなってしまいます。

嫁の実家やきょうだいなど、姓や宗派の違いにこだわらず、どこかの仏壇にみんなで祀る、という折衷案も検討してみましょう。

また、最近では場所をとらない「卓上仏壇」のような、大変コンパクトなお仏壇も登場しており、種類も豊富です。

これなら嫁ぎ先でも気兼ねなくお祀りできると、近年需要が高まっています。

かつて、多くの家には「仏間」と呼ばれる供養専用の部屋があり、いつしか住宅事情に合わせ、どんどんコンパクトに進化してきた経緯があります。大きくて立派な仏壇を作ることができないことを恥じる必要はまったくありませんので、小さい仏壇でも心のこもった供養を心がけていただきたいと思います。

20 お線香は手前から立てる？

いいえ。

お線香は香炉の奥から手前に立てるのがマナーです。

これは、あとから立てる人が、手前のお線香の火に触れてやけどをしてしまうことを防ぐためという、合理的な理由からです。

お盆のときなど、ご家庭のお仏壇にお参りするとき、集まった家族や親戚が、小さな香炉にお線香を立てるというような場合は、特に気をつけて奥から立てていくようにしたらよいと思います。

こういった理由から、四国八十八カ所霊場などの霊場寺院や観光寺院などで目にする、四方八方から大勢の人がお線香を立てるような大きな香炉の場合は、中央から外側に向けて立てていくとよいでしょう。

自分は控えめにという気持ちで端のほう、つまり手前に立てると、後から立てる人が立てにくくなりますし、また、階段状になっているローソク立てにも同じことが言えます。

遠慮がちに下の段から立てると、あとから立てる人が下からのローソクの熱で苦慮しますから、上の段から立てるのが親切です。

ちなみに、「あの人には手を焼く」というのは、巡礼のときなどに、後の人が手を焼くから、線香は奥からというマナーを何度注意してもできない人のことが語源だという説もあるようです。

21 お線香を立てる本数はきまっている？

いいえ。

宗派や目的、状況に合わせて臨機応変に立ててよいのです。

たしかにお線香の本数は、焼香の回数と同じように迷うところです。

ちなみに宗派の違いですと、真言宗、天台宗は三本です。

これは「三宝」（仏教の宝もの、仏・法・僧）や、「三業」（行ない、言葉、心）に供えるためです。

また曹洞宗は、「仏法僧はひとつである」という意味から一本、臨済宗は、一心に故人の冥福を祈るから一本、日蓮宗は一本または三本とも言われ、浄土宗は一本、さらに浄土真宗は線香を香炉の大きさに併せて折って寝かせます。

これはお線香がなかった時代、香炉の灰に抹香という粉のお香を盛っていたことに由来するそうです。

目的や状況によるといいますのは、たとえば真言宗では、平素は三本を推奨していますが、お通夜やお葬儀のときなどは、亡くなったかたが迷わず浄土に向かうことを願い一本を立てるのが、よりよい作法となること、また、たくさんの人がお線香をあげるときには、香炉の大きさ、部屋の大きさなど、状況に合わせて本数を変えるなどしてよいという意味です。

そもそもお線香を供えるのは『倶舎論《くしゃろん》』というお経に説く「死者は匂いを食べ、特に善行を重ねた死者はよい香りを食べる」という記述に由来します。

要は煙にのせたよい香りを供えるという目的さえしっかり理解していれば、その場の状況に合わせて柔軟に対応すべきでしょう。

22 仏壇の向きは西が常識？

いいえ。

どの方向に向けても大丈夫ですので、間取りなどの事情をあわせて検討してください。

仏教では、十方の方角（東西南北＋四方向の四方八方に加え、天地の上下二方向）、つまりどの方角にも仏さまはいらっしゃると考えますので、どちらに向けても問題ありません。

ただし、各宗派の教えによって、たとえば西方のお浄土に向かって手を合わせられるように東向きに、あるいは本山を向いて拝める方角に、などの考え方を優先する場合もあります。

迷った場合は南に向けて置くことをおすすめします。

その理由は、私たちが家を建てるときと同様に、仏さまにも日当たりよく、風通しがいい環境でお住まいいただくことを願ってのことです。

また、仏壇やお位牌を祀る習慣は中国の先祖祭祀の文化が発祥とも言われますが、中国では、高貴な人は南を向いて座るという習慣を根拠にした方角です。

また、一般的には北向きは避けるべきといわれることが多いようですが、私は、どの方角もありがたいことや、北向きはむしろ縁起がよいという理由（92ページ「北枕」の項を参照）から、家の間取りやインテリアの都合により、北向きになることも決して悪い方角だとは思いません。

方角以上に気にしたいのは、拝むときに目線より下になる高さになることを避けるべきでしょう。

仏事全般に言えることですが、「こうしなければならない」の前に、「大切に守りたい」という気持ちがあれば、おのずとよい方角、よい位置にお祀りできるでしょう。

23 位牌は二つ作るべきではない？

いいえ。

二つ以上お位牌を作ることは、決して悪いことではありません。

たとえば夫のお位牌を実家と妻で、親の位牌をきょうだいで、友人や親しい人のお位牌を施主とは別に、というように、お位牌を複数作ってお祀りすることは大変ありがたいことです。

もともとお位牌は、お仏壇とセットで作ることが通例で、いわゆる「家の存続」が機能していた時代は、一霊にひとつの位牌を作り、代々お祀りすることが仏事のたしなみでした。

しかし、実質的な「家制度の崩壊」を持ち出すまでもなく、近年ではさまざまに家族の生活スタイルが多様化し、むしろお位牌を一カ所で代々祀っていくことのほうが難しい場面にも出会います。

「お位牌を二つ作ったら、故人の霊が迷う」と心配されるかたもいらっしゃるかもしれませんが、真言宗の開祖、弘法大師・空海が「浄土は心にあり」と、亡き人の魂はお位牌にも、お墓にも、毎日の生活のどんな場面にも、私たちが心を向けたときに必ずそこにいらっしゃいます。

それぞれの生活スタイルや、亡き人とより感応しあうために、もっともよい方法を選択してください。

24 お経の作者はお釈迦さま？

いいえ。

お釈迦さまのお弟子たちが書き残したものです。

お経とは、仏教の開祖である、お釈迦さまの教えをまとめた書物のことです。

今から二五〇〇年ほど前、北インドの王族の後継者の立場でお生まれになったお釈迦さまは、どんな貧しい人にもどんなに高貴な人にも「生老病死」という苦しみは与えられると気づき、悩みます。

そして二九歳で出家し、六年間の修行の末、お悟りを開き、自身と同じように悩み苦しむ人々に教えを説き続け、八〇才の生涯を閉じました。

お釈迦さまの死後、人々が教えを語り継いでいくうちに、伝言ゲームのように内容が変化してしまうことがないように、お弟子たちが集まり、教えを後世に正しく伝えようと、まとめたものがお経なのです。

長い年月を経て、お釈迦さまの教えの解釈などをめぐり、たくさんの宗派にわかれ、宗派独自のお経もたくさん生まれているのです。

25 お仏壇にお経をあげていいのはお坊さんだけ？

いいえ。

ご家族の皆さまがお仏壇の前でお経をあげていただくことは、とてもありがたいことなのです。お寺でご法事をすると、お経本が配られ、「皆さんもご一緒にお唱えください」と、お坊さんの木魚のリズムに合わせて、皆でお経をご唱和することがあります。

自分でも声に出して唱えることは、お坊さんのお経を「聴く」だけでなく、お経本を「手に持って」、お経の言葉を「観る」「読む」「唱える」ことにもつながり、さまざまな感覚でお経を体感できる、大変貴重な功徳と言えます。

最近では、お経を唱えることによる老化防止、心身の安定効果など、健康によい行ないであるとも言われ、大変おすすめです。

そもそも、二五〇〇年前に起こった仏教の教えが、現在まで世界各国に受けつがれているのは、仏教信者一人ひとりが、お経を語り継いできたからにほかなりません。

もちろん、修行を積み、師僧から直伝を受けた僧侶でないと、読むことはおろか、見ることも禁じられているお経もありますので注意が必要です。

お経を唱えてみたいという場合は、書店やお仏壇店に、一般のかたがお唱えできるお経本がたくさん並んでいますのでご参考に手に取ってみてください。

さらに深い関心がある場合は、菩提寺や、身近なお坊さんに相談してみるとよいでしょう。

26 仏壇に遺影を入れてはダメ?

いいえ。

お仏壇に遺影を入れても大丈夫です。

遺影を仏壇に入れてはいけない大きな理由は、お仏壇は「ミニ本堂」なのであって、本来はご本尊さまを祀るためのものだから、と言えるでしょう。

宗派によっても、仏壇に遺影を祀ることは意見がわかれ、大変難しい問題のように見えます。しかし、ご法事のときなど、本堂に遺影を祀る場合もありますし、「祖父母の顔を知らない孫たちに、お仏壇参りに親しみを持ってもらえる」など、お仏壇に遺影を祀る意義は十分にあると思います。

そもそも、人はみな仏性あり、まして成仏されたであろう亡き人は、広い意味での「仏さま」ですから、ご本尊さまより上段、または隠してしまうような位置を避けてお祀りするのであれば、仏壇がご本尊さまを祀るためのもの、という趣旨からは大きく逸脱していないと思います。

限られたお仏壇のスペースを上手に工夫したうえで、仏さまのお姿（遺影）も、しっかりお祀りいただきたいと思います。

第4章

葬送（お骨の処理）

◆◆「増えた、葬送の選択肢」

葬送とは、突きつめていうところ、「お骨の処理をどうするか」ということです。最近では土葬はほとんどなくなり、「火葬をしたお骨（焼骨）」をどのように保管し、処理をするかという目的のもと、さまざまな葬送法が提案されています。

近年では、合葬墓など、新しい形のお墓がさまざまに登場しているだけでなく、そもそも「お墓を作らない」という葬送法も徐々に広がり、注目を集めつつあります。

葬送文化は古来より、土葬か火葬か、家の墓か個人の墓か、遠くに作るか近くに作るかなどの要素が混じりあい、変化をたどってきましたが、いつの時代も、葬られる本人と、のこされる人たちの両方の気持ちのバランスの合意点があったと思います。

のこされる側、つまり供養する人たちの気持ちにも十分配慮、相談をしながら、昨今の多様化した葬法の中から、もっとも安心できる死後の住処を自由に考えていただければと思います。

27 散骨するとお参りできなくなる？

いいえ。

そのようなことはありません。

お骨がどのような形状で、どこに存在していようと、亡き人を慰霊することはできます。

散骨とは、焼骨を海や山にまく葬法のことで、石原裕次郎さん、勝新太郎さん、横山やすしさん、Xジャパンのｈｉｄｅさん、立川談志さんなどが散骨し、話題になりました。

また、映画で散骨するシーンを観て「私も散骨にしてもらいたい」と考えるかたも近年増えているのではないでしょうか。

私の印象に残っている、散骨を描く映画は『世界の中心で、愛をさけぶ』『あなたへ』『男たちの大和』です。

このような影響もあり、散骨は決して特別な葬法ではなく、芸能人だけでなく、一般のかたでも散骨をしたいと考える人が増えているのです。

散骨をするうえでしっかりと考えておきたいのがその方法（53ページ参照）と、家族との相談です。

相談は、どんなお墓に入るにしても必要なことですが、特に散骨の場合は、お骨をのこさず、自然にかえしてしまう葬法であることに加え、認知度、理解度ともに普通のお墓に比べ、まだまだ行きわたっていないゆえに、特に事前相談が必要な事項だと思います。

たしかに、「千の風になって」という歌にもよく表現されているように、亡き人の魂は、お墓だけでなくどこにでもあり続けるものですから、お墓がなくても、お骨がなくても慰霊はできるものです。

戦争や震災、津波でお墓やお骨を失った人の慰霊は不十分かといったら、そうではないはずです。加えて仏教では諸行無常、つまり変化していくことの必然性を説き、お骨の形よりも「魂、霊、記憶」といった目に見えないものを大切にしますから、本来散骨に対しても否定的ではないはずです。

同時に、多くの人が持つ「そうはいっても」という感情も大切にしなければなりません。

かつてお釈迦さまは亡くなる直前弟子たちに「よりどころとすべきは、私ではなく、教えと弟子自身である」と、仏像崇拝などに頼ってはいけないといいのこしました。

しかし、「そうはいっても」人々は形ある仏像を作り拝みたくなってしまうもので、世界中に無数の仏像が作られてきたわけです。

同様に、二度とお骨が戻らない散骨に関しては、「自分が死んだら、海や山にまいてくれればよい」と願う「散骨してもらいたい人」と、「そうはいっても」と考える「散骨を引き受ける人」の間で、よくよく相談が必要になります。

そしてその合意のうえで行なわれる散骨はおおいに推奨されるべきだと思います。

また、前述の散骨した芸能人の多くが、お骨の全部をまいてしまったわけではなく、一部を散骨し、一部はお墓に納めるなどの折衷案をとっていますので、右か左かの議論でなく、柔軟に考えることも大切です。

28 散骨は違法ですか？

いいえ。

ただちに違法となるわけではありません。

しかし、一般的なお墓に比べ、しっかりとした法整備がなされているわけでもありません。

大自然そのものがお墓である壮大な葬法である散骨を、トラブルや後悔なく実現するために、正しい知識を身につけていただきたいと思います。

まず、お骨には生きている人間と同じように尊厳があり、散骨という名のもと、やたらに「遺棄」することは禁じており、公衆衛生、宗教的感情から本来お墓にしっかりと葬られるべき対象であるとされます。

これらの各側面から考えていきたいと思います。

まず「遺棄」ですが、そもそもお骨をまくという行為は、「死体等遺棄罪」にあたり、刑罰の対象となります。

ただし法務省も、近年の散骨への関心の高まりは無視できないのでしょう。平成三年、非公式ではあるものの、「節度をもって行なわれる限り、違法ではない」という見解を示しています。

次に「公衆衛生、宗教的感情から本来お墓に葬られるべき対象である」に関してですが、「墓地埋葬等に関する法律」で、遺体や焼骨は墓地以外の区域に埋めてはならないとあります。

そしてその方法については、「土葬」「焼骨を埋蔵」「納骨堂に収蔵」は明記されていますが、散骨の規定はありません。

それもそのはず、もともとこの法律は、土葬による伝染病予防などの公衆衛生上の観点や、お骨は決められたお墓に納めるべきだという、墓地運用の観点から制定されたものですから、散骨はこの法律の管轄外なのです。

厚生労働省生活衛生局（当時）は、平成一〇年「散骨についての理解」は認めるものの「散骨の方法によっては紛争が生じる可能性がある」ので「適切な方法によって行なうことは認められようが、その方法については公認された社会的取り決めが設けられることが望ましい」としました。

以上をまとめると、

「散骨に関しての法律は存在しないから、節度を持って適切に行なえば違法ではない」

ということになるでしょう。

ただし、この「節度」「適切」が問題で、まさに厚生労働省が求めるように、現在「社会的取り決め」がないので大変あいまいなのです。

たとえば、お骨は原型がわからないようパウダー状にする、そして農地や水源、漁場、海水浴場、観光地などの近くは避けたり、喪服を着ないなどの配慮が必要です。

要は、お骨をまきたいという権利もさることながら、お骨をまかれたくないという権利にも気を配る必要があります。

以上の要件をすべて満たし、個人で散骨することは非常に難しいので、実際には散骨を請け負ってくれる業者さんに依頼するのがよいでしょう。

トラブル防止や環境維持に最大限配慮し、さまざまな宗教観も満たした散骨を国内外で実施してくれる散骨業者が増えつつありますので、ご相談してみるとよいでしょう。

29 分骨すると体が引き裂かれるようでかわいそう？

いいえ。

お骨をいくつかにわけても問題ありません。

近年、お骨をわけて納骨する合葬墓の増加や、実家のお墓にも一部を納めたいなどの事情で、お骨をわけて保管する「分骨」の需要が高まっています。

そんな分骨したいと考える施主の意向に対し、分骨することに抵抗がある親戚や配偶者の実家との間で折り合いがつかないなどのご相談を受けることがあります。

たしかにお骨とは、お体の一部であり、火葬場でお骨を骨壺に納めるときも、足から順番に入れ、のどぼとけ、そして一番上に頭蓋骨をのせてという姿を目にしますので、お骨をわけてしまうことを不安に思うかたもいらっしゃるかもしれません。

しかし、実は仏教の開祖・お釈迦さまのお骨はたくさんに分骨されて、世界中で大切に祀られていることをご存じでしょうか。

お釈迦さまの死後、お釈迦さまを慕う周辺の国々の王さまたちは、こぞってお釈迦さまのお骨をほしがりました。

最初は八つにわけられ（舎利八分《しゃりはちほっ》といいます）、各国でお骨を大切に守るための仏舎利塔が建立されました。

これは徐々に豪華な装飾が施され、日本では五重塔の形に発展しました。

つまりこれがお墓の始まりなのです。

ちなみに日本で愛知県の日泰寺さまが本物の仏舎利を祀っているとされ、有名です。

このように仏教の立場では、お骨を大切にお祀りしたいかたのもとに、分骨しお祀りすることは、むしろありがたい行ないですので、ご親族間で意見がわかれたときの指針のひとつにしていただければと思います。

30 お骨を家に置くなんてダメ？

いいえ。

お骨を家に保管しても大丈夫です。

たしかにご遺骨は、四十九日法要にあわせてお墓に納骨するのが一般的です。

しかし近年、どうしても気持ちに区切りがつかず、「一周忌まで納骨を延ばしてもよろしいでしょうか」というご相談をお受けすることが大変多くなってきました。

そのようなとき私は迷わず「大丈夫です」とお答えしています。

場合によっては三回忌でもそれ以上でも大丈夫ですともつけ加えています。

ただし、永遠に家に置くことは現実的事情から賛成できませんので、お元気なうちにいつかはお墓に納骨に来てくださいということもお伝えしています。

それでいい理由は、お骨を家に安置することを禁じた法律がないこともありますが、もっとも配慮すべきは、近年、人の死を受け止める免疫力や、周囲の人々の支援力が低下していることです。

これは、私が都会の寺で住職をつとめているから感じることなのかもしれませんが、子どもがない、または娘は嫁ぎ、息子は家を出るなど、夫婦のみで長年暮らしてきたかたが配偶者を亡くしたダメージは想像以上に大きいものです。

一昔前まで機能していた、悲しみをやわらげてくれる子どもや家族は減り、近所づきあいや地域とのつながりは薄れ、葬儀や供養のやり方、僧侶とのつきあいもだんだんと簡略化され、結果として喪主自身が高めるべき心の強さが弱まっている……免疫力や支援力の低下というのは、このような意味で申し上げました。

葬儀のときには普段離れて暮らす子や孫も集まり、なんとなくにぎやかにやりすごしたけれど、皆が帰ったあとは、祭りが終わったあとのように静まりかえり、そこでようやく悲しみがこみ上げてきます。

そんなとき本来であれば僧侶が出向き、四十九日を迎えるまでの七日ごとに「お逮夜《たいや》」という、まだ浄土に旅立っていない故人の霊やご遺族をなぐさめる法要をすべきところですが、これも都会の現実的事情では、できにくくなりました。

このような事情から、お骨を自宅に置くことで少しでも喪主さまの悲しみを癒やすことができるのであれば、これが必ずしも慣習にそぐわないことだとしても、心から賛同したいと思うのです。

31 お骨をペンダントにするなんて未練がましい？

いいえ。

お骨をお手元に置くことは、よきご供養の一環としておすすめできます。

近年「手元供養」と称して、お骨の一部を加工してペンダントや指輪などのアクセサリーにしたり、または小さな骨壺に入れて、インテリアのようにおしゃれな仏壇に祀ったり、あるいは持ち歩きができるようにする供養が流行しています。

こういった供養方法は、従来の「お骨はお墓に入れ、故人の魂はお位牌に」というスタンダードな形式に比べ、一見イレギュラーな方法に感じるかもしれませんが、「魂をいつも身近に」という思いを形にするという意味では、大きく理念をそこなうものではありません。

「未練がましい」というのは別の言葉で言うと「思いが断ち切れない」ということです。

そもそも、大切な人に先立たれた悲しみに接し、人の心はそう簡単に思いを断ち切ることなどできないものです。

仏教では、自分の心でさえ思いどおりにコントロールすることはできない、無理に気持ちに逆らおうとすると、さらに大きな苦しみが生まれると説きます。

悲しい気持ち、思いが断ち切れないというありのままの気持ちを認め、供養の方法を模索することも大切なことなのです。

俳聖、松尾芭蕉の理念に「不易流行」があります。

不易とは、時代が移り変わっても、変えてはならない普遍的なもので、「本質的な心」と言うべきでしょうか。

また流行とは、時代の変化とともに柔軟に取り入れるべき「新しい方法」のことで、この両方を大切にすることは、俳句の世界だけでなく、供養の場面でも多いに学ぶべきだと思います。

供養したいという、変わってはならない「心」と、それを支えるためにできることは、どんなに新しいものでも柔軟に取り入れるべきだと思いますので、ぜひ、さまざまな手元供養を検討していただきたいと思います。

32 献体では、十分な供養ができない？

いいえ。

献体がただちに十分な供養ができないということではありません。

医学の発展のために、ご自身のお体を献ぜられることは大変徳の高い行ないであり、その積み重ねによる医学、歯学などの進歩が、私たちの日々の医療の安心につながっているのです。

献体をされた著名人としては、作家の夏目漱石さん、落語家の林家彦六さん、俳優の細川俊之さんなどがあげられます。

献体の大きな流れとしては、生前に各大学や献体を受ける団体（「白菊会」「不老会」など）に登録しておきます。

この際、家族全員の同意が必要かどうか、遺骨の返還ができるかどうかなどの条件が団体により異なりますので確認が必要です。

次に献体と供養との関係についてお話しします。

まず、亡くなったときのお通夜、お葬儀は通常どおり行なうことができます。

その後、火葬場には行かず、献体を登録してある団体に引き取ってもらいます。

献体後、ご遺体が戻るまでに、一～二年、場合によっては数年ほどかかります。

その間の四十九日法要や一周忌、三回忌法要などは、ご遺体が今どこにいるかに関係なく、ご家族、ご親族のお気持ちとしてしっかりおつとめしてよいと思います。

また、病院や団体によっては、引き取り手がいないご遺体を荼毘《だび》に付し、宗教者を招いて合同供養をしてくださいますので、供養に対しては一定の安心を持ってよいと思います。

また、最近ではお骨の引き取り手がいないことを心配して献体を申し込むケースが増え、そのために受付を中止している団体もあるとのことです。

本来の目的のために献体をしたいと思う人の意志を十分に確保できるよう、熟慮のうえ献体に登録していただきたいと思います。

33 インターネット墓は邪道？

いいえ。

そのようなことはありません。

最近、インターネットという媒体を利用したお墓が登場しています。

これはいったいどのようなものなのでしょうか。

何を定義に、どのようなしくみのものを「インターネットの墓」と呼ぶかは、各お寺や会社が運営しているお墓によって異なりますが、ここでは私が住職をつとめる寺が運営する霊苑でのインターネット墓のしくみを紹介します。

そもそも、お墓には、

・「カロート」（お骨の保管場所）

・「墓誌」（名前や戒名などを記録する場所）

という大きく二つの機能があります。

当霊苑で提唱しているインターネット墓とは、このうちの「墓誌」をネット空間に作成し、お墓の前だけでなく、自宅のパソコン、スマートフォンからも閲覧できるようにしたものをいいます。

平成八年から運用を開始し、現在、生前、没後あわせて約五〇〇人の利用者がいます。

たしかに墓誌は石でないと永遠性を感じにくい、という意見もありますが、インターネット上のデジタル空間に墓誌を作ることには、次のようなメリットがあります。

❶「より多くの情報を掲載できる」——後世にのこしたい言葉、写真や絵、声などを伝えられるだけ

でなく、自分史の一種として活用ができます。

❷「いつでもどこでもお参りができる」遠方に住むかたや、高齢、病気などでお墓参りができないかたにとっての安心につながります。

❸「お骨の場所を選ばない」お墓の二大機能である、お骨と記録は、必ずしも同じ場所になくても大丈夫です。

利用者の中には、お骨があるお墓は遠方でなかなかお参りに行けないが、インターネット墓を作ることでいつも身近に先祖を感じられるようになったというかたもいます。

かつて日本には「両墓制」といって、遺体を葬る墓は遠くに、普段お参りするお墓は近くにというように、ひとり二つのお墓を作っていた時代ありました。

当時は衛生上の問題や死がケガレという理由からだったかもしれませんが、インターネット墓も、よく考えれば大きく常識をかけ離れたものでなく、現代の積極的な両墓制ともいえるのではないでしょうか。

昔に比べて、人の生活範囲が全国、世界へと広がる昨今、お骨とお参りのあり方を考える際の参考にしてください。

第5章

家族の葬儀

◆「亡き人の思いを尊重するために」

一生のうちに、何度も経験することがなく、しかも、できれば避けて通りたいのが「葬儀」です。ゆえに多くの人は、葬儀の意味や予備知識をあえて知ろうとせず、いざその場面に立ち会わなければならないとき、悲しみのさなか、短期間にさまざまな選択を迫られ、のちのち後悔するということはよくあることです。

今どきは、故人の意志をもっとも理解しているであろう「喪主」が、故人の生き方や宗教観に合わせた自由な葬儀ができる世の中です。

しかし、葬儀は「本人と喪主」だけでなく、家族や親族、職場や地域社会など、さまざまな人が、それぞれの関係性で関わり合う儀式ですから、ときに思わぬところから「本人や喪主」の意に反する意見が出て、葬儀が終わったあとも喪主が困惑することもしばしばです。

本章でお伝えすることが、複雑な要素が混じり合う葬儀の喪主を、自信を持って悔いなくつとめていただくための一助となるよう願っています。

34 喪主は長男がつとめるべき?

いいえ。

その家の事情に応じ、柔軟に決めてよいのです。

そもそも、喪主になる長男や配偶者がいない場合、たとえば、ひとり暮らしのかたや、晩年を施設で過ごされるかたが増加しているご時世です。

ゆえに、嫁いだ娘や、兄妹、甥や姪、あるいは最期を過ごした施設の長など、最近では誰もが喪主になり得ると考えていたほうが無難です。

さらに、誰を喪主にするか迷う場面もあります。

たとえば、嫁いだ長女の夫と、同居の独身次女、このような場合、「男子」と「家」のどちらを重視するかで判断がわかれますし、あるいは晩年世話をしたかた、費用を負担するかたなどで決める場合もあります。

迷ったときは、世帯主になる人、お墓の名義を引き継ぐ人という判断もあるでしょう。

このほかにも、兄弟が連名でつとめた例や、葬儀の実務や費用負担は娘夫婦が、喪主は長男がつとめたという家族もありました。

まれに、財産分与の思惑から、喪主争奪戦になったとの話も聞きますが、大切なのは、現在の喪主の役割は、民法に定める「祭祀の承継者」というより、「親族を代表する葬儀の主催者」というニュアンスですから、喪主が、費用負担や、お墓や仏壇の一切の責任を負わなくてもよいということです。

ただでさえ、亡くなりゆく人の死を支える家族や親族が少なくなる時代です。

縁のあるかたがそれぞれに協力し、ひとまずの葬儀施行の代表者を決めればよいのです。

もっとも、長男がいて状況が許すのであれば、次の世代を担う家族の代表者として、しっかりと親族や会葬者に対し、喪主としてのつとめを果たすことが期待されます。

35 遠方の菩提寺を呼ぶのは失礼にあたる?

いいえ。

まずは菩提寺住職にご都合をうかがうことが大切です。

最近では、菩提寺が遠方な場合、「わざわざ来ていただくのは申しわけない」と、葬儀屋さんが紹介するお坊さんに依頼するなどのケースが増えているようです。

それでも大丈夫ではあるのですが、菩提寺の住職はこちらが思う以上に、「どんなに遠くでも駆けつけたい」と思っていますから、まずは報告かたがたご連絡することは決して失礼にはあたりません。

そのうえで、菩提寺住職のご都合をおうかがいし判断をあおぎましょう。

たとえお越しになれなくても、戒名はつけてもらったり、信頼のできる近くのお坊さんを紹介してくれるなど、家族だけでなく亡くなった本人にとっても安心できるよう、智慧をいただけると思います。

36 死亡届は自分で出しに行かないとダメですか？

いいえ。

代行でも可能です。

死亡届は、死亡の事実を知った日から7日以内（国外で死亡したときは、その事実を知った日から3カ月以内）に、死亡者の死亡地、本籍地または届出人の所在地を市区町村役場に提出します。

届出人とは、死亡届に署名捺印する人のことで、親族、同居者、家主、地主、家屋管理人、土地管理人など、後見人、保佐人、補助人、任意後見人のいずれかが可能です。

また添付書類に、医師が発行する「死亡診断書または死体検案書」が必要です。

知っておきたいことは、届け出期限の7日以内とは「死亡日から」ではなく、「死亡の事実を知った日から」であることです。

そして申請手続きは葬儀社などが代行することもできるということです。

大切なかたを亡くしたばかりで大変なときですから、できるだけ葬儀社に代行を依頼し、心身の負担を減らすように心がけたいところです。

もうひとつ覚えておきたいことは、死亡届申請と同時に「死体火葬許可証・埋葬許可証（遺体の火葬と、お骨をお墓に納めるための許可証）」の申請をすることです。

死亡届の受付時間は一部出張所などをのぞき、24時間可能ですが、時間外ですと「死体火葬許可証・埋葬許可証」のほうは申請ができませんので、二度役場に足を運ぶことになってしまいます。

37 葬儀は決まった形式でとり行なうべきですか？

いいえ。

最近では諸事情に合わせて無数のやり方、組み合わせがあります。

たしかに葬儀というと、遺影、祭壇、お花飾り、僧侶の読経、大勢の参列者、食事の振る舞い、という形式をイメージします。

しかし「葬儀」という言葉の意味は、自分らしくこの世と決別するための儀式や、手続き、遺体処理など、人の死の前後に行なうべきことの総称です。

主に次のような内容にわけて考えることができますので、それぞれの内容、意味を知ったうえで、本当に必要な、亡き人にとってふさわしい組み合わせを考えることが大切です。

❶遺体処理

〈ア〉遺体搬送と保管、火葬、死亡届などの手続き
〈イ〉納骨（お墓）

❷儀式・告別式

〈ウ〉初期儀礼　枕経や納棺の儀など。最近では省略することもある。
〈エ〉通夜　葬儀前夜に行なう。祭司者を招くことが多い。
〈オ〉葬儀　告別式に先立ち近親者が参列する宗教儀式。
〈カ〉告別式　一般会葬者も参列するお別れ会。葬儀と兼ねる場合が多い。

❸備え・手続き

〈キ〉生前　住まいや延命、告知などの医療方針、お墓などの意志確認など終末期に関すること
となど
〈ク〉死後　携帯電話、カード、公共料金等の解約、家の片づけ、年忌法要など

一般的には仏式により❷を行なう形式がもっとも多く「一般葬」などと呼ばれます。

近年では、〈ア〉だけの「直葬」や、〈エ〉〈オ〉〈カ〉を家族だけで行なう「家族葬」も増えてきました。

また、祭司者を呼ばずに、〈カ〉を「音楽葬」「友人葬」などの形式で行なう「無宗教葬」も賛同されつつあります。

ちなみに、「密葬」とは、本葬を行なうことを前提に、近親者だけで行なう場合の名称ですので、直葬、家族葬とは区別して用いるほうがよいでしょう。

また、死にゆく人、それを支える人たちの安心のために、一見、葬儀とは関係ないと思える、❸に関することも広い意味で葬儀の一部ですので、しっかりと考えておくことが大切です。

38 友引に葬儀をすると不幸の連鎖を招くのですか？

いいえ。

「友引」に葬儀をしてはいけないということではありません。

そもそも友引とは、中国の吉凶占い「六曜」で、引き分けを意味する「共引《ともびき》」が語源です。

これにいつしか、「友引」という字があてられるようになったことから、この日に葬儀をすると「友を引く」という縁起かつぎから、葬儀を控えるようになりました。

したがって、友引と葬儀は本来直接関係ありません。

にもかかわらず、なぜ友引に葬儀をしないことが一般的になってしまったのでしょうか。

大きな原因は縁起かつぎから、友引の日を休日としている火葬場が多いためです。

多くの場合、葬儀と火葬は同じ日に行なわれていますので、結果として友引の日の葬儀をしなくなったことから、いつしか「友引の葬儀は縁起が悪い」と思われることになりました。

第6章

戒名

います。

◆「戒名は縁起のよい名前」

戒名は「死者の代名詞」といわんばかりに、「葬式で死者につける名前」という理解が定着しています。

しかしキリスト教における、洗礼を受けた人が授かる「クリスチャンネーム」は、なぜか生前に決めていても違和感ないどころか、人生の指針ともすべき、とても大切な名前と理解されています。

戒名も本来は、クリスチャンネーム同様に、「生前に仏教の教えを授かった人」にもらえる、いわば「ブッディストネーム」で、ほんとうはとてもありがたく、縁起のよいものなのですが、どうも「仏教=死」「戒名=難しい字の集合体」というイメージのほうが先行しがちです。

そのため著名人でも「戒名はいらない！」と戒名不要を声高らかに宣言する人は増えても、「戒名を生前にもらう！」という人はほとんどいません。

しかし、最近では、いざというときにあわてない、自分らしい名前がもらえるなどという理由で、「生前戒名」を授かっておくかたが、決して多数派ではないにせよ、じわじわと増えています。

本章では、そもそも戒名とは何か、戒名を生前に授かることのメリットなどを知り、より自分らしい生き方をまっとうする一助にしていただければと思います。

39 戒名は難しい字が並んでいる？

いいえ。

多くの場合、じっくり戒名の字をながめてみたら、その人らしさが感じられる字になっているはずです。

たとえば、

「陽光院天真寛裕大居士」

これは誰の戒名か想像してみてください。

正解は、昭和の大スター、石原裕次郎さんの戒名です。

自然を愛してやまない、破天荒で大らかな生き方を貫いた、まさに太陽を象徴するようなお人柄がよくあらわされているように感じます。

では、こちらはどうでしょう。

「安国院殿徳蓮社崇誉道和大居士」

これは、戦国の世に終止符を打ち、二六〇年続く安泰な時代の礎を築いた、徳川家康公の戒名です。

院号よりも徳の高い「院殿号」に続き、徳川家の慈悲をあらわす「徳蓮」、神と同等にまつるべき存在たる「社崇」、和合による政策で平和を築いた「道」「和」の文字など、どの字からも家康公の偉業や生きざまを連想させせます。

このように戒名とは、偉人や著名人に限らず、人皆歴史あり、どんな人生を送った人にも、その人にふさわしい字を選んでくださっていることが多いのです。

そもそも戒名を授けるときは、親が生まれ来る子に、願いを込めて字を選ぶごとく、できるだけその人らしさをあらわす字、未来への願いを託す字を選びます。

次の「生前戒名」の項でお伝えしますように、生前戒名の場合は特に、自分の戒名の字を直接住職と相談することができるため、意義があると言えるでしょう。

あらためてご自宅の仏壇に祀られているご先祖さまの戒名、じっくりながめてみてはいかがでしょうか。

何か新しい発見があるかもしれません。

40 「生前戒名」をいただくのは本末転倒？

いいえ。

むしろ死後、お葬式でいただくほうが逆なのです。

戒名とは本来、仏門に入り、仏教の戒律を誓った証しに授かる名前のことですから、そもそも生前にいただくものです。

仏門というと、なおさらお坊さんになる場合しか縁のないものだと思われそうですが……。

日本は仏教国とも言われますが、キリスト教で洗礼を受け、クリスチャンネームをいただくことに比べ、生前戒名はほとんど浸透していません。

しかし仏教信仰によって、よりよく生きたいと願う人だけでなく、184ページの「生前葬」の項でご紹介しているように、生前戒名を授かっておくことは、安心して生きるための大きなメリットでもあります。

しかも戒名は、わずかな文字数の中に人柄や仕事、趣味、座右の銘など、その人らしさを詰め込んだ、いわば自分史の総まとめのようなものですから、信頼する僧侶によく相談し、生前戒名を検討してみてはいかがでしょうか。

41

戒名は値段が高いほどよいものなの?

いいえ。

戒名の良し悪しは、本来値段や位の高さで決まるものではありません。

一般に戒名は、文字数が多いほど、位も信士より居士と高いほど、値段が高いという言われますから、皆さんがお葬式などで、お位牌に「○○院△△□□居士」というような戒名が書かれているのを見ると、「いい戒名だ」「ずいぶんお布施をはずんだな」、あるいは「立派なお仕事をした人だから」などと思うかたも多いと思います。

このような思いは決してまちがいではありませんが、戒名やお布施の意義から言うと、少し違和感があるので、お伝えしたいと思います。

まず、戒名の良し悪しは「その人らしい」かどうかで決まるということです。

そして、値段は、本来字数などでは決まらないということです。

77ページからの「戒名」の章でもお伝えしたとおり、戒名の文字の選び方は、生前のお人柄をあらわすものがいいと私は考えています。

そのため、僧侶としては、生前におつきあいがなく、お葬式で初めて会う人に戒名をつける場合でも喪主や家族にできるだけ生前の生き方をお聞き取りし、故人にふさわしい字を選ぶ——これを心がけてお授けすることが、戒名の本来の意義だと考えています。

そのうえで、文字数と値段（お布施）の問題ですが、文字数が多く、院号つきなど、位が高いものであれば、やはりお布施も高いかというと、必ずしもそうでもないという場面があります。

それは、戒名は本来、本人や家族が「院号をつけてもらいたい」と希望するものではなく、僧侶の側が「院号をつけてあげたい」と思うものであるということです。

私は、生前お寺に物心問わずの尽力をいただいたかた、また、お寺には縁がなかったけれども広く社会に対して徳の高い生き方をされたかたに対して、お布施はいただかず、院号などを授けることがあります。

それはお寺の側が、そのかたが生前積まれた「徳」に対し敬意を込め、「院号つきの戒名をつけさせてください」と、お願いをするものだと思うからです。

近年では、その意味を考えず、「院号をつける場合のお布施はいくらでしょうか？」という問い合わせが増え、寺も一定のお布施の平均値を示すようになりましたから、結果として「値段が高いほどよい戒名」となりがちです。

いっぽうで、生前に寺とのつきあいはなかったけれども、その人の社会的地位や知名度などによって「値段が高い戒名」を必要だと思う遺族の気持ちも理解できます。

このように生前から「積み立てた徳」なくして、「いい」戒名をいただきたいと思う場合は「お金で戒名を買う」では、ちょっとさびしいので、せめて「一時払いの徳（高額の布施）」を積むというように考えていただいたらどうでしょうか。

42 戒名をつけないと成仏できない？

いいえ。

戒名がなくても、成仏できると信じていいと思います。

戒名をつけないと成仏できないというのは、おそらくお坊さんの側からの理論に基づく考えからいわれていることだと思います。

これはお葬式で行なう作法のお話なのですが、私たち僧侶がお葬式で何をしているかというと、「授戒」という、仏教の教えや戒律を亡き人に授け、その信仰の証しとして「戒名」を授与する。そして「あの世に無事に旅立ってください」という「引導」を渡す――これが成仏のしくみです。

つまりお坊さんの立場としては、「授戒」→「戒名」→「成仏」であるから、「戒名がないと成仏できない」という理論です。

このような僧侶の理論をよそに、近年「お葬式はお願いしたいけど、戒名は不要です」という依頼は確実に増加しています。

聞くと、「故人の生前の意志で……」「俗名のほうがその人らしいから……」などの理由をお答えになるかたが多いようです。

しかし、さらに腹を割って話を進めていくと、要は「戒名料」が不安なので、戒名はなくてもいいのではないか、と「お金」の問題であることが多いことに気づかされます。

いっぽうで、告別式のための「葬儀（読経）」は、会葬者が参列するためにやらなければならないという事情で、「葬儀は必要、戒名は不要」が増えているのです。

このような場合、本来僧侶を招いての葬儀はする必要がないのですが、昨今の事情も考慮し、私は次の二つの考え方をお伝えしています。

・戒名料はいただかない

前述のとおり、葬儀に戒名授与は本来含まれるものですから、「葬儀＋戒名あり」でも「葬儀＋戒名なし」でも同じお布施です。

そもそも「戒名料」という独立した布施項目はありませんから、戒名があってもなくてもお葬式のお布施は変わりません。

少し変な言い方ですが、戒名不要であっても、お布施は安くなりません（笑）。

その前提で戒名授与の意義を説明すると熱心に聞いてくださり、やっぱり戒名をつけてあげようと考えるかたがほとんどです。

・戒名がなくても成仏させる

それでも戒名が不要というかたには、仏教は「誰もが仏になれる」「山川草木には仏性が宿っている」という考え方もある教えで、死を迎える本人、のこされた家族、そして僧侶がそれを信じることにより誰もが成仏なするとお話しています。

世の中には、十分に供養を受けられず亡くなっている人が大勢いますが、そのような状況のかたは成仏できていないでしょうか。

私はそうは思いたくありません。

事故死、自死、孤独死などで亡くなり、喪主となる遺族もなく、そもそも戒名をつけるか同意さえ得られないまま葬儀にのぞむこともあります。

そんな場合私は、生前のお名前に「信士・信女」などの位号をつけて戒名を授け、ご引導を渡しています。

このように、葬儀はしたいけれど戒名は不要という考えに対し、僧侶の側も「それは矛盾する」

とかたくなにならなくても大丈夫な理論はたくさんありますので、皆さまも「戒名は金がかかる」と決めつけず、よくよく住職とご相談され、自分にとって戒名が本当に必要なのかどうか、考えてみてください

43 戒名を自分でつけてはダメ？

いいえ。

大丈夫です。

最近ではご自分で考えるかたも増えてきました。

ただし！　ひとつだけ知っておきたいことがあります。

それは、自分で考えただけでは「戒名」と呼ぶことはできません。

78ページの「生前戒名」の項でお伝えしているように、戒名とはその名のとおり、仏門に入り、仏教の戒律（決まりごと）を守ることを誓ったかたのみが授かる、いわばお寺から認定されるべきものですから、自分で作っただけでは、ただの別名、通称にすぎません。

ですが、逆に言えば、どうしても自分が作った名前を戒名としたいのであれば、お寺から認定を

いただく、つまり仏門に入り、戒律を授かるための儀式（生前であれば「授戒式」、死後であれば「葬儀式」）を受ければよいのです。

私は以前、亡くなった妻に、夫であるご自分、二人の子どもの名前を一字ずつ入れて作った名前を戒名としてほしい、という相談を受けたことがあります。

戒名のあるべき論からは決して正しいとはいえませんが、そのかたの思いを大切に共感することを優先し、お授けしました。

宗派によって、戒名の字や配列、文字数の制約はありますが、事前にご住職とよく相談し、ご指導をいただいたり、戒名として認定してもらうことは決して悪いことではありません。

そして誰よりもその人のことを知る人が、意義ある文字をしっかり選んでいただきたいと思います。

第7章

迷信、作法

◆「知れば安心　知らぬは迷い」

私たちはさまざまな「迷信」にとらわれすぎて、もともと仏事が持つ大切な意味が置き去りにされたり、本来は理にかなっていることをできずにいることがあります。

迷信には根拠があるもの、ないものさまざまです。本来仏教が持つ意味がねじ曲げられて伝わっていることもあります。たとえば「我慢」という言葉は「耐え忍ぶ」という、よい意味の言葉として使われていますが、もともとは「自分を慢心しておごり高ぶること」という、よくない意味の仏教語でした。

また「ゲンかつぎ」も、深刻に実行する人もいれば、単なるまじない程度で、一切やらない、という人もいます。そもそも「験（ゲン）」とは、仏教でものごとが成立する道理を意味する「縁起（えんぎ）」という言葉が、江戸の人々の逆さ言葉で「ぎえん」→「げん」になったとの説もあり、もともと、ものごとの成否に重要な影響を及ぼす行ないでもあるのです。

このように、本来の意義が理解されていないことが仏事には意外と多くあります。

さまざまな場面で思い悩むことができるだけ少なくなればという思いで、本章を書かせていただきました。

44 四十九日は三月《みつき》にまたがってはいけない？

いいえ。

気にする必要はありません。

もし気になる場合は日程を繰り上げましょう。

四十九日とは、人が亡くなって四十九日目に行なう法要のことです。

この法要を迎えるまでは魂の行き先が決まらない「中陰」という状態であり、これが満ちて無事仏の世界に往けるということから、別名「満中陰忌」とも呼ばれます。

実はこの四十九忌日を迎えるまでに、七日ごとに六回の法要を行ないますが、都市部などでは営まれることも少なくなりました。

ちなみに有名な閻魔《えんま》さまのお裁《さば》きは五回目の法要、つまり三十五日法要で行なわれます。

四十九日法要は、この法要に合わせてご納骨やお位牌の魂入れ作法などをすることからも、特に大切な年忌法要といえるでしょう。

ところで、この四十九日法要が亡くなった日から数えて三カ月にかかる日程で営まれるのはよくないと言われることがあります。

これは語呂合わせによる迷信で、これを守らないと「始終（しじゅう）苦（く）＝（四十九）が身につく（三月《みつき》）から」というのが根拠です。

一見根拠のない迷信のようですが、想像するに、大切な四十九日をなかなか行なわない人への念押しのために、いつしか生まれた言葉なのでは、とも考えられます。

しかし、よくよく考えてみれば、三月にまたがらないためには、その月の10日くらいに亡くなった人でないと、そもそも不可能で、中旬以降に亡くなったかたはどうしても三月にまたがってしまいますので、本来こだわる必要はありません。

また、迷信とはいえ、大切なかたを亡くされたばかりのときにまわりのかたから言われてしまうと、どうしても気になってしまう場合もあるでしょう。そんなときは、四十九日忌の次に大切な三十五日に営んだり、繰り上げ日程で行なうなど、柔軟に対応すればよいでしょう。

45 合掌するのは仏事のときだけ？

いいえ。

いつでも誰にでも、ありがたいポーズです。

「手のシワとシワを合わせて、幸せ〜」

とは、お仏壇店のＣＭで有名なセリフで、合掌の意義をよく言いあらわしています。

そう、合掌とは私たちが幸せに過ごすためのポーズなのです。

しかし普段私たちは合掌を、お葬式やご法事で、さらに時代劇や刑事ドラマなどでは「ホトケ」に対するポーズとして描かれることが多いゆえに、縁起が悪い場面に用いる姿のように思います。

そもそも合掌はインド古来の、敬意をあらわす姿勢で、現在でもタイなど東南アジアの仏教国に行くと、毎日の挨拶や、飲食店の店員さんなどが日常的に合掌しています。

古代インドでは、神仏、自然、人間、動植物、小さな虫など、姿が違っても命の本質は平等であり、価値を認め合う思想を持っています。

それを、聖なるものをあらわす右手、俗なるものをあらわす左手、つまり相反するものをぴったり合わせる姿勢で、違うもの同士でもひとつになれることを表現し、仏教でもこれを取り入れ、大切にしているのです。

考えてみれば、この世は自分以外は皆異なる存在。

同じものなど何ひとつありません。

日々ふれ合う自分以外の存在に背を向けるのではなく、合掌のように向き合う姿勢が、人間関係など、この世のすべてと上手に混ざり合い、幸せになれるコツなのです。

あやまるとき、お願いするときについつい合掌してしまうのも、自分とは違う人の力を借りなければ生きていけないことのあらわれですし、食事の前の合掌も自分以外の「命」に敬意をあらわし、ひとつの命になることを決意する姿勢でもあります。

仏事以外の合掌、ぜひ大切にしてみてください。

46 北枕は縁起が悪い？

いいえ。

最近では、むしろ北枕がよいという意見もよく聞かれます。

北枕を敬遠する理由は、お釈迦さまが入滅する（亡くなる）ときの向きが北枕だったからが有力な説です。

正確には「頭北面西右脇臥《ずほくめんさいうきょうが》」といって、北に頭、顔は西、右脇を下という向きです。

これは、お釈迦さまが身体にいい方向を選択されたからとも、故郷に頭を向けたからとも言われています。

逆の想像をすると、お釈迦さまへの敬意から、一般の人は亡くなったときくらいしか北枕を許されなかったともいえ、健康面からも思想面（人生の最後に故郷を向くという）からも、とてもありがたい「向き」ともいえるでしょう。

最近では地球の磁力による健康面での効果、風水の考え方による縁起のよさなども指摘されています。

いずれにせよ、日本では死を連想させることから、日常の睡眠の枕の方向としてふさわしくないとされていますが、決して悪いことではありません。

家の作りや間取り、ご家族の意見も合わせて、柔軟に検討しましょう。

47 嫁いだ家の宗教に合わせなければならない？

いいえ。

最近では家の宗教より「個人の信仰」でもよいのです。

そもそも憲法で信教の自由が保証されているのに、なぜ、このような問題になるのでしょうか。

それはすでに廃止された家制度の名残りです。

戦前まで、結婚とは「家」に嫁ぐもので、個人の信仰という考えそのものがありませんでした。

たとえば浄土宗の家庭に育った女性が、曹洞宗の家の男性と結婚すると、自動的に曹洞宗に改宗するといったようなことがあたりまえだったのです。

しかし現在、「家制度」は廃止され、結婚により新たな戸籍を作るわけですから、宗旨替えなど、あまりこだわらず、どちらの家の宗教儀礼も大切にする姿勢が大切です。

しかしいまだに「この家に嫁いだのだから、家を継ぎ、墓守りをするべきだ」などという「家」「宗教」「結婚」をセットにした親の考えにプレッシャーを感じるかたも多いようです。

以前私が出演したテレビ番組で、木魚を叩きながら「♪ジングルベル」と歌ったことがありました。

これは、私の家庭で、誕生日にもクリスマスにも仏教を仲間に入れてもらっているという日常を紹介した場面だったのですが、これにはかなりの賛否の声が寄せられました。

その中で印象深かったのが、「自分はキリスト教だが、仏教の家に嫁いで、初詣などで、肩身のせまい思いをしたりしていたが、あの姿を見て安心した」というものでした。

別な番組でご一緒した天台宗の女性僧侶・露《つゆ》の団姫《まるこ》さんもキリスト教徒のご主人と上手に信仰をわかちあっておられますし、お坊さんも他宗教、個々の信仰を大切にしています。

といっても、「家の宗教」をないがしろにしてよい、といっているわけではありません。むしろそれぞれの信仰を認め合う姿勢が、お互いの家の伝統を長く守る智慧になるのです。

48 精進料理を食べるほうが仏教的？

いいえ。

そうとも言いきれません。

精進料理とは、仏教の戒律で禁止されている、肉や魚、ネギやニンニクなど香りの強い野菜などの食材を用いない料理のことで、煩悩を抑制するための仏道修行の料理です。

近年では、美容や健康によいとされ人気が高まっています。

では、肉や魚を食べる食生活が精進料理に劣り、仏教的でないかというと、私はそう考えていません。たしかに私たち僧侶は、山に籠もる厳格な修行期間は精進料理のみですが、山を下り、社会生活をするうえでは、肉魚の命のほうが野菜の命より重いと考えることも戒めます。

ひとつの野菜ができるまでには、無数の生きものの命が犠牲になっており、野菜であろうとも動物の肉であろうとも、命をいただくことに変わりはありません。

要はどちらかの考えにかたよらず、私たちの命のエネルギーになる食材すべてに平等の命があると考え、好き嫌いせず、ありがたく「いただく」ことを大切にしたいものです。

49 数珠が切れるのは縁起が悪い？

いいえ。

縁起が悪いとは言い切れませんし、数珠に限らず、靴ひもや鼻緒など、「切れる」が縁起悪く言われるのは、昔、ご遺体を埋葬する人が、履いた草履に霊が憑《つ》き、後をついてこないようにと、鼻緒を切って、墓地に置いてきたことに由来し、これが「切れる」＝「死」を連想させているのです。

しかし「切れる」ことは「注意喚起」、冷静に考えるきっかけですし、なかなか断ち切れない「悪縁」を断ち切るためのよき兆候と思うこともできます。数珠はもともと、お経を何回唱えたかなどの数をとるための道具で、やがては僧侶が祈願を込める法具となりました。

ひいては僧侶や一般のかたの区別なく、お守りとして日々身につけるもので、毎日を守ってくれるお守りでもあります。

逆に、数珠を大切にしまっておくだけでは、切れもしなければ、お守りにもなりません。

数珠が切れてしまうのは、日々数珠を持つという信仰のあらわれでもあり、私たちが受けるはずだった災いをかわりに引き受けてくれたからかもしれません。

そのときは気にせずしっかりと修理をしてあげましょう。

50 死後の世界を信じなければダメ？

いいえ。

必ずしも示された既成の死後世界観を信じなくてもいいのです。

そもそもお釈迦さまは具体的な死後世界観を示されていませんし、死後の世界のイメージは誰もが自由に想像してよいのです。

「千の風になって」あるいは「○○に生まれ変わっている」というように……。

弘法大師・空海は「仏法は遥かにあらず、心中にして即ち近し」と、魂が人の心に宿ることを示されています。

とはいえ、一定のモデルがないとイメージできにくいのは世の常、それゆえ仏教各宗派では、それぞれの教義に合わせて、地獄極楽のような死後世界を示されていて、いずれも、道徳教育や慰霊、ときに悲しみを癒やすためにとても役立っています。

ただし、人それぞれがイメージする死後世界を、他人に押しつけることには慎重になるべきです。

誰もが自分と同じ死後観を持っているとは限りません。

亡き人の魂がどこに住まわっているかについては、たとえ同じ寺の檀家同士、同じ家族同士であっても違うのは当然のことです。

これを何事に対してもひとつの世界観しか持っていないと、「仏壇は西向きでないといけない」「そんなことをしたら故人の魂が迷う」などという、それぞれの仏事のありかたを認めない発言につながり、特に大切なかたと死別したばかりの人にとっては、大きなプレッシャーを与えてしまうことにつながりかねません。

死後の世界は、誰の言うことにもまどわされず、場合によってはお坊さんの言うことにもいきなり妄信することなく、ご自分がもっとも心安らげる姿を想像してよいのです。

51 幽霊の存在を信じるのは変？

いいえ。

幽霊の存在を信じることは決して悪いことではありません。

私たちはとかく「自分の目に見えるもの」しか信じることができず、「幽霊を見た」などという発言には否定しがちです。

しかし世の中には幽霊や説明のつかない現象に出会ったことがあるという人は大勢いますし、私も少なからずそのような体験を持っています。

幽霊は古くは平家の落武者、四谷怪談などの怖いイメージのものから、最近では、東日本大震災の被災者、津波等で肉親を亡くしたかたが幽霊を見たり、不思議な体験をしたという事例調査が報告されているなど、「大切なかたに出会う」イメージのものまでさまざまで、いちがいに語ることはできません。

ちなみに仏教では幽霊をどのように考えているのでしょうか。

これも引用する経典により諸説ありますが、ここではお釈迦さまの考えをお伝えしておきます。

ある人がお釈迦さまに、「この世界は永遠であるのか?」「魂は存在するのか?」「死後の世界はあるのか?」などの質問をします。

これに対しお釈迦さまは「そのような質問には答えない」と答えます。

なぜなら、と続けます。

「もし目の前に毒矢が刺さって苦しんでいる人がいるとする。そのとき、その矢は誰が、どこから放ったのか、どんな毒なのか、と詮索しているうちにその人は死んでしまう。それよりも一刻も早く苦しみをのぞいてあげることが大切だ」と。

つまり、お釈迦さまは、答えが出ないことをあれこれ考える前に、いまやらねばならないことを優先しなさいと説き、死後や霊魂についての明確な世界観を示していないのです。

これはお釈迦さまが私たちに、人それぞれの想像にゆだねてくださっているようにも思えます。

そのおかげもあり、その後の仏教の発展過程において、お盆の由来になった地獄に落ちた母を救うお経や、地獄極楽などの死後世界を描いたさまざまなお経が説かれるようになりました。

このように仏教では、人それぞれの悩み苦しみに柔軟に向き合ったお釈迦さまの考えを根拠に、幽霊の存在や、供養によって魂が家に帰ってくるなどという考えを持つことに否定的ではなく、そもそも現代物理学でさえ、「目に見えているものの姿は絶対ではなく、確定的実体ではない」と主張していて、科学的にも私たちの認識や感覚は案外あいまいなものとされています。

とすれば、多くの人には見えていないけれど、亡き人への思いが強い人にしか見えない姿もきっとあるはずです。

他人がどう言おうが、そんなご自身の感覚をぜひ大切にしていただきたいと思います。

52 厄年が不安です。

いいえ。

厄年だからといって、ことさらに考えすぎたり、不安に思いすぎなくても大丈夫です。

そもそも、厄年とは人の一生のうちに何度かやってくる、災厄が特に多く降りかかってくるとされる年齢のことで、明確な根拠がないにもかかわらず、日本では昔から根強く信じられており、多くの人にとって気になる習慣のひとつです。

ちなみに男女それぞれ何歳を厄年とするかは一定ではありませんし、最近では高齢化や健康寿命の伸び、あるいは現代病を考慮してか、「新厄年」なるものも提唱されています。

一般的な厄年は、男性の場合は、二十五歳、四十二歳、六十一歳、女性の場合は十九歳、三十三歳、三十七歳（いずれも数え年）とされています。

そのうち男性は四十二歳、女性は三十三歳が「大厄」とされ、仕事や人間関係、病気などに特に気をつけなさいと注意喚起されています。

以前私が出演したテレビ番組で「厄年」をテーマにしたことがありましたので、そのときのエピソードを交えながら、厄年に対する考え方をご紹介したいと思います。

まず、厄年はどのように決められたかについてです。

これは、諸説ありとしたうえで、江戸時代の人たちの語呂合わせによるところが大きいとお答えしました。

四十二歳は「死に」、十九歳は「重苦」、三十三歳は「散々」など、単なるだじゃれ、縁起かつぎと言われればそうかもしれません。

そのときスタジオでご一緒した小薮千豊さんからは、「江戸のおっさんのだじゃれで、ボク、何度も厄払いしたんですか！」とユーモアを交えたつっこみをいただきましたが、医学や科学が未発達だった時代、江戸の人たちがたどり着いた健康維持のための切実な智慧だったのかもしれません。

さらにその語呂合わせが、いまだにとても大きな影響を持っていると感じたのが、やはりスタジオにお越しだった西田敏行さんの「私は役者を生業としていますので、『厄（役）』を落とすことはしません」という発言でした。

あの大物俳優をして、厄払いが、役（仕事）払いになってしまうと感じていらっしゃることに、語呂合わせ、縁起かつぎの影響の大きさと同時に、「厄払い」することにこだわりすぎなくても大丈夫だと感じました。

厄払いも、心の安心を得るための「方便」として大事にしてよいのですが、困難や苦しみ、ときに病いや老いなどの災厄も、成長の糧となり、人生をより充実させるための「薬」とせよ、というのが仏教の理念です。

厄年をそのための「薬年」と語呂合わせし、ことさらに一喜一憂せず、穏やかな心持ちでお過ごしいただきたいものです。

第8章 年中行事

◆「『大丈夫』の心を育てる」

お盆、お彼岸、節分など、私たちの生活に深く関わりのある、仏教の年中行事ですが、宗旨や地域によって、また各お寺の伝統によってやり方はさまざまです。

したがって「これをやっておけばまちがいない」という公式は提示できないのが、仏教の年中行事の難しさでもあり、逆に柔軟性でもあります。

たとえば、最近「家にお仏壇はないけれど、お盆に先祖が帰ってこられるか」という心配を寄せられるかたが多くなりましたが、住宅事情、家族環境の変化とともに、仏壇が持てなくなるなど、伝統仏事の形式が変わりゆくことはもはや必然です。

ゆえに「家に仏壇はないけれど、ちゃんと先祖は帰ってくる」という理由を見いだすことのほうが現実的といえるのではないでしょうか。

本章では、「形式」が変化していくのは避けられないけれど、意味をしっかりと理解し、与えられた環境の中で、せいいっぱい行事に向き合いさえすればきっと大丈夫だということを知っていただくことを念頭に書かせていただきました。

53 お彼岸はお墓参りする週間？❶

いいえ。

本来は現実世界に住む私たちが、理想の生き方ができるよう精進努力する週間です。仏教的な表現で言うと、「煩悩を捨て、悟りの境地に至るために修行する期間」ということになります。

なるほど、お彼岸の時期が近づくと、テレビでお墓参りの特集が組まれたり、お寺では彼岸法要や、塔婆供養が行なわれるなど、宗派問わず、全国的に、お彼岸＝お墓参り（先祖供養）というイメージが定着しているのも事実であり、決してまちがいではありません。

しかし、もともとお彼岸は、「日ごろの行ないを反省し、正しい理想の生き方ができるようになるため」の努力週間であることを知っておかないと、お墓が身近にない人にとってお彼岸は関係のない週間になってしまいます。

あくまでお墓参りは、お彼岸期間中の反省、修行、努力のあらわれとして、ご先祖に感謝と報告のために行なうものですから、どなたでもお彼岸の時期を大切に過ごしていただきたいと思います。

54 お彼岸はお墓参りする週間？❷

いいえ。

もともとお彼岸とは「悟りの境地」をあらわす言葉ですから、お彼岸にするべきことはお墓参りだけではありません。

お彼岸とは、欲と煩悩だらけの現実世界をこちら側の岸（此岸）にたとえたとき、修行によって「川」を渡りきった向こう岸（彼岸）にある、悟りの世界のことです。

これが「三途の川を渡った死後の世界」と曲解され「お墓参り」に直結してしまいがちですが、供養に先んじて、まず現世に生きる私たちが悟りに至るために何をして、何を思うかが大切なのです。

そのヒントになるお経が、有名な「般若心経」です。

このお経の正式タイトルは「仏説摩訶般若波羅《パーラー》蜜多《ミター》心経」ですが、「波羅蜜多」とは、サンスクリット語の「パーラミター」を音写した言葉で「智慧の完成」という意味です。

実は「般若心経」は、悟りの境地、つまり彼岸に至るための智慧が説かれたお経なのです。

最近では、お彼岸にお寺参りに行って御朱印をもらったり、座禅や精進料理などの仏教体験を楽しむ人が増えています。

せっかくのお彼岸の機会、「般若心経」を読んだり、写経することも大きな功徳があります。

お彼岸の修行の一環としてぜひ挑戦してみてはいかがでしょうか。

55 お彼岸が年に二回あるのは、たくさん修行するため？

いいえ。

太陽が真東から昇り、真西に沈む日が年に二回あるからです。

年に二回、三月の「春分の日」と九月の「秋分の日」は、国民の祝日として知られていますが、その意義は「春分の日」は、「自然をたたえ、生物をいつくしむ日」、「秋分の日」は、「祖先をうやまい、亡くなった人々をしのぶ日」とされています。

それ以外に、お彼岸に修行する大きな意味は、「春分の日」と「秋分の日」はそれぞれ、太陽が真東から昇り、真西に沈む日ということです。

この日を中心として前後三日を合計した一週間が彼岸の期間になり、したがって年に二回、合計十四日間、お彼岸を迎えることになったのです。

では、年に二回、この日を中心に修行するというのは、どのような理由なのでしょうか。

まずは、仏の世界（彼岸）は、陽が沈む真西にあるから、次に、どちらにもかたよらない仏教の理念「中道」に通じるから、そして、暑さ寒さも彼岸まで、というように修行に適したちょうどいい気候の時期であるから、などがあげられます。

交通安全週間も、毎日実施していては効き目がなくなります。

年に数回、適切な時期に行なうことで、油断や気のゆるみを注意喚起し、安全運転の意識を高めようとしています。

修行も同じことで、毎日おこたらず行なうに越したことはありませんが、宗教的意義や気候などが適した年に二回のお彼岸に、ここぞという思いではげむことが、よりよい成果を生むことになるのです。

56 お彼岸の修行って難しいの？ ❶〈目標編〉

いいえ。

毎日の生活の中でどなたでも無理なくできることです。

まずこの項では、お彼岸修行の目標についてお話します。

前述したようにお彼岸とは、「悟りの境地に至る」ために精進努力する週間です。

こう書くと、自分にはとうてい手が届かない夢物語のように感じてしまいますが、「悟りの境地」とは「智慧が完成された世界」（105ページ「お彼岸はお墓参りする週間」を参照）のことで、日々の悩みやストレスを軽減するための智慧――アイデアや新しい発想を生み出せる境地、と理解してみてはいかがでしょうか。

たとえば、会社で同僚や上司と仕事のやり方でぶつかったり、意見が合わなかったり、そんなとき、悟りを開いたお釈迦さまならどうするでしょうか。

「なんで俺の考えがわからないんだ」とは思わないはずで、「そもそも世の中は考えが違う人ばかりだ」と考えるでしょう。

これを悟ることができればしめたものですが、悲しいかな、そんな境地にすぐ到達できるのは、よほど修行を積んだ僧侶でも難しいことです。

そこで、「智慧」を発揮して、自分が苦しまないですむ方法を模索する修行にはげみます。

意見が合わない両者は、双方が自分の尺度で判断し、自分が正しいと思っていますから、どんなに話し合っても平行線のままです。

よって意見を主張するよりも、智慧をふりしぼり、意見を客観的に判断するルールやしくみを作るほうにエネルギーを注ぐことが大切なのです。

こういった第三の方法が、自分が判断しなければならないという苦しみを引き受けてくれて、悩みはかなり分散されるはずです。

理屈はわかっても、なかなか思いどおりにできないのが、私たち凡夫の宿命です。

しかし、まず発心といって「よし、やるぞ」という気を起こすことが大切で、それから先は「365歩のマーチ」のように、失敗や成功を行ったり来たりしながら、少しずつ前に進んでいく、そしていつか悟りの境地に至れるかもしれない、それでよいのです。

57 お彼岸の修行って難しいの？❷〈方法編〉

いいえ。誰もが自分のペースで実践することができます。

具体的なお彼岸の修行方法は「六波羅蜜」と呼ばれる、布施《ふせ》、持戒《じかい》、忍辱《にんにく》、精進《しょうじん》、禅定《ぜんじょう》、智慧《ちえ》の六つの行ないにはげむことです。

このように書くと何やらお経の文言みたいで、最初からやる気が失せそうですが、この修行が、よい智慧を生み出すための、正しい行ないや判断ができる第一歩ですので、ぜひご自身の目標に合わせて実践してみてください。

六波羅蜜の内容については、説明する人によってさまざまな言葉が用いられますが、ここでは、日常生活のさまざまな問題に応用してもよい、ということをお伝えするために、前項で書いた、会社での意見のぶつかり合いを例にこの六項目を説明してみたいと思います。

58 「布施」とは、お寺にお金を包むことですか？

いいえ。

「布施」は「相手の利益を思いやること」です。

お布施といっても、お寺にお金を包むことだけとは限りません。

仏教では「無財の七施」といって、金品を施すことに限らず、人に親切にすることや手伝うこと、席を譲るなどのやさしさ……相手のためになることなら、どんなことでも布施になります。

仕事関係の人であれば、まず相手に利益を与えたり、有利になる方法を提案することでしょう。

まず自分の利益や出世が先に、ともくろむ時点で必ず反対勢力が生まれ、決してことはうまく運びません。

59 「持戒」とは、戒律をしっかり守ることですか？

いいえ。

出家修行者でない一般の人にとっては、「持戒」は「反省」と解釈しましょう。

誰でも会社のルールや報告連絡相談、仕事の手順などを、完璧に守り実践することはなかなかできないものです。

仏教では因縁生滅の理《ことわり》といって、原因と結果だけでなく、さまざまな結果をもたらす条件である「無数の縁」に目を向けなさいと説きます。

意見がぶつかる、というその場面だけに焦点をあてて双方の意見の良し悪しを判断することは、意見相違に到るまでのさまざまな要因（インシデント）を無視した議論であり、意味をなしません。

これまでのプロセスのどこかに反省点がないかを振り返るだけで、相手の心もゆるんでくるだけでなく、より発展したアイデアが生まれるための気づきにもなるのです。

60 「忍辱」とは、ひたすら耐え忍ぶことですか。

いいえ。

この場合の忍辱は「時間をかけること」と理解します。

結論を急ごうと短気を起こしたり、関係する人や部署に対し、十分な事前相談なしにことを進めることは、決してよい結果を招きません。

人は自分に相談がない案件に対しては、おもしろくないと思い、必ずと言ってよいほど抵抗します。

耐え忍ぶという意味で使われる「我慢」は仏教語で、もともとの意味は「自分に執着し、高慢になっておごること」です。

むしろ、自分の意見への執着をなくし、ひたすら時間をかけ、おこたりなく準備を重ねることで、状況は刻一刻と変化し、いつか風向きが変わってくるはずです。

61 「精進」とは、「精進料理」というように、肉や魚を我慢することですか？

いいえ。

ここでは「精進」は「努力すること」と解釈しましょう。

人はそもそも変わることが難しい生き物なのです。自分もそうであるように。

相手の意見を変えることができないとなれば、双方の意見を満たす第三の道を模索するなど、結局は根気を持って努力することが大切です。いっぽうで仏教はかたくなに意志を貫き通す努力をすることは「執着」であり、あまり感心されません。

むしろ「あなたと違って自分の意見などいつでも変えられる」というくらいの心の余裕を持つ努力もときには必要です。

62 「禅定」とはお寺に座禅を組みに行くことですか？

いいえ。

「禅定」とは、お寺で座禅することだけがすべてではなく、毎日の生活の中で平常心を保つことです。

人は日々さまざまに意見の違う場所からの攻撃を受けながら生きています。

これをお釈迦さまは「一切苦」といって、世の中は意見の違う者が集まって作られているので、そもそも思いどおりにならない、と達観されました。

相手は自分の意見を通すために、あの手この手を使って仕掛けてきますから、それに「乗って」しまっては相手の思うつぼ。

平常心を持って、常に客観的、論理的に対応しましょう。

63 「智慧」と「知恵」は同じ意味ですか?

いいえ。

智慧とは、人間の知識である「知恵」とは違い、人のためになる、仏の慈悲の行ないのことです。

ここでの「智慧」は「アイデア」と解釈したいと思います。

しかも、ネットで得られる知識としての「知恵」ではなく、経験や失敗から絞り出される、そうして人の役に立つ「智慧」のことです。

どんなよい意見でも、それが「私欲」のためだとわかると、まちがいなくうまくいきません。意見がぶつかり合うときは、最終的に「世のため人のためになるかどうか」という理想を持つ意見のほうが世の中に定着していくことは歴史が証明しています。

仏教では「自利利他」といって、自分のためだけでなく、人のためになる行ないをすることが理想であると説きます。

つまり、自分と他者の利益の両立を目指すことが、社会や世の中を上手に循環させるために必要なのです。

◆　◆

このように、六波羅蜜の修行とは、お寺にお金を包んだり、本堂で座禅する時間を作るなど、形式的な修行のことだけでなく、日々向き合わなければならない、生活の中の悩み苦しみに対して、「心の持ちようを変える努力をする」ことなのです。

そんな思いになるだけでも十分な功徳であり悟りへの第一歩ですので、お彼岸を機に、ぜひ意識してみてください。

64 お彼岸の定番、ぼたもちとおはぎは同じもの？❶〈名称編〉

いいえ。

似て非なるお菓子です。

いずれも、江戸時代に発祥し、もち米を蒸して丸めたものをあんこで包んだお菓子で、小豆の赤色が仏教では「魔よけの色」であることから、お彼岸のありがたいお供えものとして広まったという点では共通しています。

しかし、決定的に違う点がいくつかあります。

まず、名前が違います。

こう切り出すと怒られそうですが、ぜひ最後まで読んでみてください。

お彼岸は、春と秋の二回あります。

春のお彼岸には、その時期に咲く花「牡丹」になぞらえて「ぼたもち」、同様に秋のお彼岸のときには「萩」の花の名前をとり、「おはぎ」と呼ぶようになりました。

理由はさまざまですが、多くの種類のお花がない時代、お墓に供えるお花の種類を豊富にしたいという思いから、違う花の名称で呼んだとの説もあります。

実はお花の名前の違いは、お菓子の大きさにも違いを及ぼしていました。

ぼたもちは、牡丹の花のように大きくぼってりと、おはぎは、萩の花びらのように小さくコンパクトに作るのがたしなみでした。

ちなみに夏にお供えするときには「夜船（よふね）」、冬には「北窓（きたまど）」と、四季それぞれに名称がありました。

いずれも、もち米をつかずに作るため、米をつく「ペッタン、ペッタン」という音を出さないことから、夏は「いつ搗いた（着いた）かわからない夜船」、冬は「搗き（月）が見えない北窓」という言葉遊びが由来のようです。

65 お彼岸の定番、ぼたもちとおはぎは同じもの？❷〈材料編〉

いいえ。

もうひとつ決定的に違う点があります。

それは、季節による素材の違いです。

いまでこそ季節問わず作物が手に入るようになりましたが、江戸時代はそうはいきません。

あんこの材料である「小豆」の収穫時期は秋です。とれたばかりの小豆は、外側の皮も柔らかいことから「つぶあん」を使い、冬を越して皮が固くなる春のあずきは「こしあん」にして使いました。

したがって、秋のおはぎは「つぶあん」、春のぼたもちには「こしあん」を使うという違いがあるのです。

また、つぶあんのつぶつぶは、小さな花が咲き乱れる「萩」に見えるなど、同じ材料といえばそのとおりですが、季節ごとの素材を生かして使うことには、さまざまな理由があったのです。

最近では、まったく同じものを、春はぼたもち、秋はおはぎと、名前だけ変えて売っている店も多くなってきました。

しかし、保存技術や多くの素材がなく、なにより決して裕福でなかった多くの江戸の町民たちが、「同じものだけど違うものにするため」のさまざまな理由づけをした粋な精神は、ものにあふれ、ひとつのものから多くの側面や価値を見いだそうとすることを置き去りにしてしまった私たちに、多くのことを教えてくれているような気がするのです。

66 お寺で誕生日を祝うのは違和感？

いいえ。

決してそんなことはありません。

そもそもお寺では年に何度か、盛大に誕生日を祝う会があります。

まず、お釈迦さまのご誕生を祝う「灌仏会《かんぶつえ》」です。

これは、別名、仏生会《ぶっしょうえ》、降誕会《ごうたんえ》、花祭りなどとも呼ばれ、多くの宗派のお寺で、毎年四月八日の年中行事として定着しています。

ただし、西洋式のお祝いのようにケーキはありません。

それに代わるものとして「甘茶《あまちゃ》」を用意します。

これは、お釈迦さまがご誕生のとき、九匹の竜が天から甘露の雨を注ぎ、これを産湯としたとの故事にちなんでいます。

若い人にとっては、ケーキに比べ地味に思えるかもしれませんが、甘茶はとても甘い上にノーカロリーなので、ダイエットにおすすめできるほか、ノンカフェインであることから、寝る前のお茶として最適です。

またサポニンという成分により心を落ち着かせたり、コレステロールを除去する効果があります。

また花粉症やアトピーなどの抗アレルギー作用があるとされ（医薬品に関する品質規格書である『日本薬局方』や厚生労働省のホームページ「花粉症の民間医療について」に記載）、大変おすすめです。

また、各宗派を開いたお祖師さまの誕生日も、お寺ごとにやり方、開催の有無は異なりますが、しっかりとお祝いしています。

たとえば、真言宗では、六月十五日、弘法大師・空海の誕生を祝い、特に高野山ではたくさんの山車が出て、僧侶や一般の人が読経や踊りをしながら山内を練り歩く盛大なお祭りをします。

このように、お寺では命日に行なう法事だけでなく、大切な人がこの世に誕生されたことをお祝いすることは、まったく違和感がないのです。

67 家に仏壇がないと先祖が帰ってこられない？

いいえ。

そんなことはありません。

お盆の時期、各家のお仏壇には季節の野菜やほおずき、そして、なす、きゅうりで作った牛や馬を飾り、亡きご先祖さまがご自宅に里帰りする準備をします。

長年住み慣れた家であれば、道に迷うはずもないとは思うのですが、それでもお仏壇には目印の提灯をともしたり、玄関先では、おがらを焚きます。

つまり、それほどの思いを以て、遠くに行ってしまった人とつながりを持つことを大切にしたいのが「お盆」なのです。

したがって、形式重視の年中行事にしないことを心がけたいものです。

121ページの「仏壇」の項でもお伝えしているように、近年、特に都市部では自宅にお仏壇を祀れないご家庭もありますし、玄関先でおがらを焚くことができないことも多々あります。

そのようなかたはお盆迎えができないかといえば、決してそのようなことはありません。

「亡き人の魂はどこにいる?」「お墓参りに来るときはお位牌は留守になって、お盆の期間はお墓にはいない?」などと、少しユーモアを交えたお話をもちかけられることがあります。

そんなとき、「ミッキーマウスは同時に同じ場所に現れないそうだけど、魂はいつでもどこにでも、亡き人を思ったときにその場に帰ってきてくれる」とお答えします。

魂はとても自由自在な存在で、世の中を縦横無尽に飛び回っている、まさに「千の風」のようなものです。

弘法大師・空海は「浄土は心にあり」と、亡き人の魂はそもそも自分が心を向けたところにいるという考え方を示されています。

さまざまな事情で、伝統的な形式でお盆迎えができずとも、実情に沿ったせいいっぱいの形を整え、なにより亡き人が帰ってくるのは自分自身のお心であるという気持ちで、皆さまそれぞれにとってのよきお盆をお迎えしていただきたいと思います。

68 節分に「鬼は内」は、まちがい？

いいえ。

「鬼は内」と叫ぶのもありがたいことなのです。

「鬼は外！　福は内！」と叫んで豆をまき、年の数だけ豆を食べて厄払いする……。

そんな節分の風景も、都会ではだんだんと見られなくなった昨今です。

そもそもなぜ節分に豆をまいて鬼を払うのでしょうか。

これは、節分という季節の変わり目に、災いや厄を運んでくる「疫病神」に見立てた鬼を、「魔を滅する」豆（マメ）という武器で追い払うという宮中行事に由来します。

したがって、鬼は家の外に追い出す必要がありますから、「鬼は外」と願い、叫ぶことになります。

しかし、地域や寺社によっては「鬼は内」、または「鬼も内」と叫ぶところもあり、そこから「鬼も悪いものばかりではない」という考え方を持っていただきたいと思うのです。

まず、鬼を縁起のよいものとする考え方があります。

たとえば秋田県では「なまはげ」という鬼を家に招き入れ、子どもの無事の成長や厄払いを願います。

なまはげは恐ろしい形相に包丁を持っていますが、この姿はまさに厄払いや魔よけの仏さま、不動明王さまや仁王さまに共通します。

むしろ、鬼こそが健やかな成長を妨げる「魔」を払ってくれるという考え方です。

また仏教では「泥中の蓮」と言われるように、思いどおりにならない環境の中でこそ美しく咲く蓮の花を、生き方の理想とします。

長い目で成長を願うとき、自分にとって都合の悪いもの、嫌いな人を追い出すだけでは真の幸せは訪れないという、一歩踏み込んだ考え方にあやかるものでもあります。

このように、多くの人に嫌われがちな鬼も、「災い」の側面しか持っていないわけではありません。

世の中の森羅万象すべてが「福」を招いてくれる要素があり、また「福」に転換することができるのです。

ぜひこれからの節分は「鬼は内」のかけ声で、豆まきをしてみてはいかがでしょうか。

69 節分、お寺で占いはおかしい？

いいえ。

日本の多くのお寺では占いを大事にしているのです。

朝の民放情報番組の「占い」のコーナーには、「気にしていない」と言いながら、ついつい意識してしまうことが多々ありますし、そもそもお寺でなじみの深い「おみくじ」もある種の占いと言えるでしょう。

ちなみに真言宗では、占いをとても大事にしています。

節分には豆まきだけでなく、弘法大師・空海が中国から持ち帰った「宿曜経」というお経をもとに、今年の運勢を占い、供養によって運気を向上させようという儀礼があります。

ところで仏教の開祖、お釈迦さまは、そもそも夢占い、星占いなど、各種占いを禁止していました。

日本のお寺でも、宗派によってはお祖師さまの教えや、よりどころとする経典によって、占いを禁じているところもあります。

これは、占いが、お釈迦さまの「よりどころとすべきは、仏の教えと自分自身である」という教えを迷わせるからなのでしょう。

このように、お寺や宗派によって、占いに対しての考え方が違うのは、お釈迦さまが、出家修行を専門に生活する直弟子に対しては、ストイックな生き方を求めたいっぽうで、その後日本に伝わった、日常生活をしながら信仰にはげむ大乗仏教では、狩りや農耕などの場面で、現実的に必要であった占いなどの要素を捨てきれなかった多くの経典や教義を大切にしたためなのです。

「正しい生き方をしなさい」「勉強しなさい」などと言われて、「はい、わかりました」と誰もがただちに実行できるわけではありません。自分の心や身体さえ思いどおりにならないと認めることも、仏教の大切な教えです。

「大吉」に気持ちを高めてもらったり、「大凶」に反省の心を生んでもらったり、ときに占いにも助けてもらいながら、心身の健康を願ってみてはいかがでしょうか。

第9章

巡礼

◆「そうだ、巡礼に行こう」

かつて「巡礼に行った」と聞くと、「供養？」「罪滅ぼし？」「余命を悟ったのでは？」などと、よほどワケアリなのでは、と思われるほど、一般の人にとって巡礼のイメージは、「日常生活には縁のない、厳しい修行」といったものでした。

たしかに巡礼とは、それくらい厳しい覚悟でのぞむものではありますが、最近では旅行を兼ねて気軽に霊場巡拝をされるかたも増えています。

お寺や旅行会社なども、さまざまなプランを用意し、老若男女の差別なく、できるだけ気軽に無理なく、そしてたくさんのかたに仏さまに触れてもらうきっかけを作っています。

霊場巡拝に行く目的、手段は人それぞれですが、そもそも時間とお金をかけて仏さまに出会おうとするお気持ち自体が大変ありがたいのです。

特に霊場巡拝は、お寺だけでなく、お寺とお寺を結ぶ参詣道そのものや、霊場のエリア全体に神秘性が宿っており、その空間に身を置くだけでも、心身の浄化や新しい気づきが得られるはずです。

本章では巡礼をより楽しく、ありがたいものに感じていただけるよう、巡礼の歴史や意味、持ちものやたしなみについてお話ししたいと思います。

70 霊場巡拝は、四国八十八カ所に行かないとダメなの？

いいえ。

日本全国には、大小無数に霊場がありますので、自由に選んでみてください。

ちなみに四国八十八カ所は、弘法大師・空海ゆかりの八十八の寺院をめぐる霊場で、寺院数、距離、知名度ともに日本を代表する霊場です。

約一四〇〇キロメートル、歩くと最低四〇日はかかるとも言われ、車でも一〇日ほどは必要です。いずれは挑戦してただきたいと思いますが、まずは身近で気軽にお参りできる霊場にお参りしてみてはいかがでしょうか。

板東、西国の三十三観音霊場、御府内八十八所などの、数日かけてめぐる霊場、また、「〇〇七福神」など、一日から数時間で巡れる霊場、さらには寺内の一カ所に、各霊場の「お砂」や仏像を祀り、一度に霊場の全行程を巡拝する功徳を体験できるアトラクションとも言うべき宗教施設まで、多種多様な霊場があります。

ぜひ、あなたの「今」に合った霊場を探してみてください。

71 巡礼は、気軽に行ってはならない?

いいえ。

巡礼は、どなたでもぜひ、気軽に行ってみてください。

巡礼というと、亡き人の供養や、人生の一大転機に日常生活を離れて一大決心を持ってのぞむという敷居の高いイメージをお持ちのかたもいるかもしれません。

たしかに昔は、それなりの覚悟でのぞんだ人も多かったと聞きます。

巡礼のときに着る白い装束は行き倒れてもそのまま埋葬できる、「死に装束」をもとにしたものですし、手に持つお杖も、お墓の土まんじゅうの墓標にするための文字が書かれています。

それほど巡礼は、どこで朽ち果てるともわからない、そんな覚悟でのぞむ厳しい修行の一環でした。

しかし、巡礼とはそもそも仏さまの功徳に触れるありがたい行ないですから、現在ではそう深刻に考えず、亡き人の供養、自分探し、力試し、気持ちの切り替え、お寺参りなどなど、それぞれの目的により積極的に巡礼の機会を持っていただきたいと願っています。

72 巡礼は一度にめぐらないといけない？

いいえ。

数回にわけたり、たとえ一カ寺を参るだけでもありがたいです。

特に、四国八十八カ所など、車で巡礼しても日数がかかる霊場は、数回にわけてめぐるのがむしろ一般的です。

バスやタクシー、自転車、徒歩などさまざまな交通手段はありますが、もし八十八カ所を一度に参ろうとすると、バスツアーでもだいたい一〇～一二泊は必要です。

それだけの日程を確保することが難しいかたも多いと思いますので、数回にわけて、無理なく巡礼することをおすすめします。

一度にめぐるご利益も大きいと思いますが、分割での巡礼は、全行程をめぐる「満願」までの時間が長く、その間に経験や成長をしながら、巡礼するほうが、より大きな気づきを得られる要因になるかもしれません。

73 巡礼は、歩いてめぐらないとご利益は少ない？

いいえ。

徒歩巡礼でなくても、等しくご利益が得られるのが巡礼のよさでもあります。

私は二〇年ほど前より、年に一度、お寺の縁者さんを引率し、四国八十八ヵ所巡拝旅行に参りますが、これは、バスでめぐる四泊五日のツアーで、三年で八十八ヵ所と高野山をお参りします。

これまで「満願」を果たした最高年齢は九二歳のかた、ちなみに最小年齢は九歳の小学生の子で、団体でのバスツアーは、年齢、健康状態を選ばず、どなたでもお参りできること、そして、若いかたが高齢のかたの手助けをしたり、高齢のかたが若いかたに気づきを与えたりと、さまざまなご利益や功徳をいただけることにつきると思います。

私は香川県の霊場、65番から88番までを歩いて巡礼したことがあります。

たしかに「歩き遍路」では、団体でのバス巡礼では味わえない、大自然や見知らぬ人との出会いがあり、わざわざ直前のルートをけわしい道を選び、88番札所にたどり着いたときのよろこびは今でも忘れることができません。

しかし巡礼は、どのような交通手段を使っても、それぞれによさと得るものがあります。

最近では自転車、バイクなどで楽しみながら信仰の扉を叩く人も増えているようです。

仕事や学業、現実生活をしながらでも、巡礼に出かけることを第一義に、それぞれの交通手段を選んでいただきたいと思います。

74 逆から巡礼するのは邪道?

いいえ。

むしろ逆からめぐるのは大きなご利益をいただける可能性が高くなるのです。

四国八十八ヵ所霊場でいえば、第1番から巡礼を開始し、第88番を目指すのが通常です。

しかし、これをあえて88番からスタートし、第1番を目指す「逆打ち」するかたも少なくありません が、なぜでしょうか。

その大きな理由、大きなご利益とは、「お大師さま(弘法大師・空海)に会える確率が高くなる」ということです。

四国霊場をめぐるときには「おいずる」という白装束を着用しますが、その背中にはお大師さまを信仰するお言葉「南無大師遍照金剛」とあります。

さらにそのかたわらには、同行二人《どうぎょうににん》と、いつもお大師さまが側にいてくれることを確信させてくれる言葉が書かれ、巡礼する人の心にはいつもお大師さまがいらっしゃるはずなのですが、それにもまして、切実にお大師さまのお徳にあやかりたい、そんな気持ちで逆打ちすることは大変ありがたいことだと思います。

四国霊場は人生の縮図とも言われます。

通常とは違う道を選んだり、思いどおりのコースをたどれなくても、思いもよらない出会いや成功を得ることもある、そんな思いで、機会がございましたらぜひ逆打ちも経験してみてください。

75 まだまだ元気なのでお杖は持ちたくない?

いいえ。

お元気でもお杖を持つことはありがたいことなのです。

霊場巡拝をされる人のことを親しみをこめて「お遍路さん」と呼びますが、そのお遍路さんのトレードマークが「金剛杖」と呼ばれるお杖です。

このお杖には二つの意味があります。

ひとつは、持つところにギザギザの切れ目が入っており、ここに塔婆に書く梵字やお遍路さんの氏名、そして南無大師遍照金剛、同行二人といった文字が書かれています。

そう、実はこれは塔婆をかたどったものなのです。

昔、巡礼がそれこそ死出の旅だった時代、お遍路さんにとってお杖とは、途中で行き倒れになったときの墓標になるものとして、大変な安心と覚悟につながっていたのです。

もうひとつの意味は、このお杖をお大師さまそのものと見立てているのです。

文字どおり同行二人、私たちの三本目の足として、巡礼の労苦を支えてくれるものなので、お遍路さんはその日の宿に到着すると、真っ先にお大師さまの労苦に感謝し、お杖の先端を洗い、床の間に安置するのです。

以前、私が引率するお四国巡拝ツアーの説明会で、お遍路さんの持ちものを説明していたときのこと、「体力だめしに巡礼するから」といってお杖を持つことを拒否したかたがいらっしゃいました。

そこで上記の説明をしたのですが、どうにも要領を得ません。

そこで「お杖を地面につかないようにお連れしたら」と苦肉の策を提案するなどして、お持ちいただきましたが、このようなさまざまな考え方に対しても、お大師さまはきっと広い心で受け止めてくださっていると思います。

仏教以前、日本古来の宗教観では、「もの」に命を吹き込むことができます。ただの歩行の支えのお杖も、心の支えとなる、そんな思いになることも巡礼のありがたい功徳なのです。

76 宗派が違うお寺にはお参りすべきでない？

いいえ。

宗派が違うお寺にもぜひお参りしてください。

たとえば、真言宗・お大師さまゆかりの四国八十八ヵ所霊場でさえ、違う宗派のお寺があります。ちなみに11番の藤井寺、33番の雪蹊寺が臨済宗、15番の国分寺は曹洞宗、43番の明石寺は天台寺門宗、78番の郷照寺は時宗、82番の根香寺、87番の長尾寺は天台宗というように、多宗派のお寺が混在し、どのお寺にもお大師さまを祀る「大師堂」があり、宗派を超えた信仰を集めているのです。

そもそも、違う宗派のお寺にお参りしたからといって、ただちに家の宗教にそむくことなどにつながるわけでもなし、むしろ、こだわりを捨てる姿勢や、違う教えとの共存を可能にしている仏教の姿にふれていただくためにも、是非他宗派のお寺にもお参りいただきたいと願っています。

第10章

お寺参り

◆「お寺の風景は仏さま」

大切な友人に会うときに、服装や玄関に入るときの手順、挨拶のしかた、そんなことばかり考えていたら、せっかくの楽しいひとときも堅苦しいものになってしまいます。

同様に、お寺参りも一見作法や手順に厳しそうですが、本当は細かいところは気にせず、自由に気軽にお参りいただいてよいのです。

たとえば最近ブームになっている「御朱印」ですが、本来の意義を逸してスタンプ集めになってしまっては本末転倒ですが、その御朱印がお寺へ一歩踏み出す「きっかけ」になったというかたも多いはずです。

御朱印に導かれてお寺参りできたかたにとって、御朱印とは、わかりやすい形に姿を変えた仏さまの教えそのものとも言えるでしょう。

お釈迦さまの説法スタイルは、人それぞれの知識や経験、性格、やる気の違いに応じて、その人がもっともやる気が出るような言葉や方法を選ぶ「対機説法」というものでした。

つまり、お釈迦さまのほうが私たちに合わせてくれているのです。

実は、御朱印だけでなく仏像、建物、彫刻、自然、お経、香り、鐘の音、食事、物語、歴史など、お寺で出会う風景のすべてが、私たちに合わせて形を変え、五感で感じる仏さまの教えなのです。

徐々にお参りのお作法を知っていただくに越したことはありませんが、まずは、悩み多き私たちに門戸を広げてくださっているお寺に、気軽に足を運んでいただくことが第一歩であると知っていただきたいと思います。

77 子どものお賽銭を親が出してあげるのはダメ？

いいえ。

お賽銭の金額には決まりはなく、いくらでも大丈夫です。

とはいえ、もっとも良いとされるのは「ご縁がありますように」と願う「五円」です。

他にもよいとされるのは、「重ね重ねのご縁」で五円玉を二枚、「十分なご縁」で五円玉を三枚、「厄を捨てる」で八九円、「四方八方からのご縁」で四八五円などでしょう。

ちなみに以前、テレビ番組のロケでご一緒した片平なぎささんは、以前からの習慣で、「始終《しじゅう》ご縁があるように」と五円玉を九枚、いつも袋に入れて用意しているそうです。

逆によくないとされるのは、「縁が遠《とお》（十）のいてしまう」一〇円や、六五円は「ろくなご縁がない」、七五円は「何のご縁もない」、八五円は「やっぱりご縁がない」など、ここまで来るとただのダジャレという感じも致しますが（笑）。

こういった語呂合わせは、単なる言葉遊びともいいきれず、「願いが叶いますように」という祈りの言葉でもあり、切実な思いのあらわれでもあると思います。

それでも語呂合わせは、そのときの心の持ちよう次第。たとえば、五円や五十円などの穴が空き硬貨は「先の見通しが良くなる」といういい意味にも、「ご縁が通り抜けてしまう」という悪い意味にも受け取ることができます。

お賽銭は、感謝、反省、決意のあらわれとして納めるものですから、語呂合わせにこだわりすぎることなく、ご自身がそのときに信じる額、入れたい額を大切にしてほしいと思います。

78 お願いごとばかりするのはダメ？

いいえ。

どうにもならない願いを聞いてくれるのが仏さまの役割なのです。

寺社参りの心がまえとして、「一〇〇パーセント神仏に頼るのではなく、大願成就に向け、精進努力する決意を示す」ことが言われますが、これも、より前向きに生きるための仏教理念をよくあらわしているとも言えるでしょう。

ところで仏教各宗派それぞれ、仏と自己、どちらの力を大切にするかのバランスが異なります。

❶ひたすら阿弥陀さまにすがる「他力」(浄土系)

❷面壁九年、ストイックに努力する「自力」(禅宗系)

❸病気には薬も養生も必要と、自力、他力ともに大切にする「加持力」(密教系)

日本の仏教にこうした違いがあるのは、生き方、学び方、悩みの程度、悲しみの度合い、がんばり方は、人それぞれ異なるからです。

したがって、自己の努力ではどうにもならない苦しみや痛みを持つ人、がんばってもどうにもできない人は必ずいるのです。

限りなく一〇〇パーセントに近く神仏に頼ることは決してまちがいではありません。

むしろそれが仏さまの大切なお役割でもあるのです。

79 お守りをいくつも持つのは浮気性？

いいえ。

いろいろなお守りを持つことはありがたいことです。

よく、いろんな寺社のお守りを持つと、節操がない、浮気性などと思われることがあります。

また、神さま、仏さまがケンカするとも聞かれますが、もちろん大丈夫です。

お守りは旅行先などで授かるものや、人からいただいたものなど、ついついたくさんぶら下げてしまうこともあり、たくさん持つことを気にするかたもいらっしゃると思います。

神仏から授かるお守りを持つということは、それだけ多くの寺社参りをされたという善行のあらわれですし、人からお守りをいただくことも人徳を自覚することですから、その証しをいくつも持つことはとてもありがたいことです。

また、ひとつのお守りを末永く持ち続けることもよき信仰のあらわれですが、日本古来の精神文化では、常に新しいものを身につけるという考え方があり、年の初めなどに新しいお守りを授かることも、気持ちの切り替えのうえで大切です。さらに、願いごとが成就したときなどには、授かったところ、または最寄りの寺社に納めるとよいでしょう。

80 お寺と神社の違いがわからないと恥ずかしい?

いいえ。

お寺と神社の違い、わかるようでわからないものです。

まずは見た目にもわかりやすい、いくつかの違いをあげてみましょう。

❶がお寺、❷が神社です。

・「見た目」には、❶お墓❷鳥居　がある
・「名前」には、❶「寺、院、庵」❷「社、宮」　がつく
・「祀っているもの」には、❶仏像(仏)❷ご神体　がある
・「管理者」は、❶僧侶❷神主　である
・「唱える」のは、❶お経❷祝詞

などです。

しかし実際には、鳥居がある寺もありますし、鬼子母神という神さまを祀っているから神社だと

思っていたら、実はお寺だったということもあり得ます。

反対に、お経を唱えている神社もあるなど、両者の違いは意外とわかりにくいのです。

その理由は、江戸時代までは、「神仏習合」といって、神社も寺も、神も仏も区別なく同じ場所で守ってきた経緯があり、その名残りがあるためです。

そして、もともと仏教が異教の神も、仏の役割を与えて、仲間に入れる寛容性を持っていることがあげられます。

お寺と神社の違いがわかりにくいのは、そもそも仏さまも神さまも仲良くしていたことの名残り。決して恥ずかしがることはないのです。

81 スタンプラリーの気持ちで御朱印は不謹慎?

いいえ。

まずはお寺に足を運んでいただくことが大切です。

そしてもし、御朱印をきっかけに、徐々にお寺参りの作法や意義、さらには信仰心が大きくなれば、こんなにありがたいことはありません。

よく「御朱印はスタンプラリーと違う！」と言われますが、そもそも、観光地などで記念に自分で押すスタンプと御朱印は何が違うのでしょうか。

大きくは、御朱印は写経奉納するなど、信仰心の証として神仏から授かる「宗教行為」であることです。

きっかけが大切というのは、たとえば、お寺の境内で子どもが遊ぶことは、それ自体は宗教行為ではありません。

しかし、遊ぶ前に山門をくぐるとき、お堂の前で合掌などするようになればしめたものです。徐々に信仰心が芽生えたり、将来この経験がよい行ないを生むことにつながれば、寺社仏閣の清浄なエリアがなし得る成果ともいえるでしょう。

ひるがえって御朱印です。

世の中には、お寺に行ってみたいけど、なかなか足が向かないという人もたくさんいます。そもそも、諸事情で家から出られない、という人もたくさんいます。

以前、私が住職をつとめる寺に御朱印をもらいに来たある女性が、「家に引きこもっていた。テレビでこの寺を知り、どうしても行ってみたくなった。けれど勇気がなく。そうこうするうちに御朱印を知った。それを理由に家を出て寺にくることができた」とおっしゃったことが印象に残っています。

参詣者を迎えるお寺の側も、信仰の度合いや、お参りのしかたを区別するべきではないと思います。

まず、「来たい」と思う人の気持ちをありがたく思い、御朱印という、ほんの小さなきっかけで来てくださったかたに、いかに仏教の魅力を伝えることができるか、これが、仏教伝道者の腕の見せどころだと思うのです。

もちろん、行きすぎた御朱印集め、たとえば、ネットでプレミアな御朱印を高額で取引するなどは感心できません。

また、御朱印に対しての考え方は、お寺、宗派や住職によってさまざまです。

なかには御朱印自体しないお寺もあります。

それぞれのお寺の事情に対し、参詣者側の考えだけを押しつけず、マナーと礼儀、そして神仏に対する畏敬の念を持ってご参詣いただくことも、心がけていただきたいと思います。

82 欲望がなくならないのはダメ？

いいえ。

欲も正しく使えば清浄かつ、世のため人のためになるのです。

毎年大晦日に除夜の鐘をつき、「１０８煩悩がなくなりますように」と願ってもなかなか思いどおりにならないのが人の性というもの。

仏の逸話が示すように、仏教も「三歳の子でもわかることでも、実行するのは九〇歳になっても難しい」と、心と行動が一致する難しさを認めてくださっています。

そもそも人は欲を持つ生きもの、文明や経済が発展するのも、種の保存も「欲」あってこそです。

仏教の欲に対する考え方は時代や国、宗派によってさまざまです。

「密教（真言宗など）」の教えでは、欲もそれ自体は本来清らかであるから、生きる力や人々の幸せ、社会の発展のために正しく使うことを推奨しています。

もちろん、金銭欲や物欲など、ほっておくと際限なくふくれあがる私利私欲は抑制しなければなりませんが、欲も煩悩も、人生において無駄ではなく、正しい力に変換して「生かす」ことを教えているのです。

83 あれもこれもお願いするのはダメ？

いいえ。

お寺参りのとき、あれもこれもお願いしてしまうのは、むしろよいことだと思います。

以前私が出演したテレビ番組の収録時のことです。

司会のおひとり、阿川佐和子さんが私たち僧侶に向けて質問しました。

「初詣のとき、お願いごとをひとつだけにしぼれず、あの人のことも、この人のことも、あれこれとお願いしたくなってしまうのですが、これってよくないことでしょうか」という問いでした。

この質問に対して別のかたが「あまりよくないことだ」とお答えされたので、その場で私は発言をしませんでした。

しかし仏教やお寺目線では、よりどころとするお経や教義によって、さまざまな答えを導くことができます。

そのとき私が頭に思い描いていた答えは「あれこれお願いするのはむしろ当然だ」というものでした。

その根拠となる考え方は、「袖振り合うも多生の縁」という、人と人との見えないつながりです。

とかく私たちは、寺社仏閣にお参りに行くときに、家内安全や健康祈願、無病息災など、自分の願いや幸せを第一にお願いしがちです。

そのこと自体は決して悪いことではありませんが、問題は幸せになる、願いが叶うしくみです。

商売繁盛でも合格祈願でも、単独で成立することは何ひとつありません。必ずどこかと誰かとのつながりによって成就したり、むくわれなかったりしています。

景気のしくみのように、理想的にはものごとやお金がうまく循環することで、皆が景気の恩恵にあずかり幸せになれる、そんな姿を願うのが、仏教で大切にしている「相互供養相互礼拝」という、お互いを大切にしあう考え方なのです。

実はこれこそが「あれこれお願い」することの意義だと思うのです。

あれもこれも欲深くということでは困りますが、自分だけでなく、家族や同僚、見えざるご縁のおかげさまで、ひとつの祈願が成立するのだと思い、たくさんの人々にも思いを向ける、ぜひ、そんな気持ちを大切に、これからもお寺参りしていただきたいと思います。

84 如来、菩薩……いちばんえらい仏さまっているの？

いいえ。

本来どの仏さまがえらい、という考え方は仏教では持ちません。

お寺参りに行くと、さまざまな仏さま（仏像）に出会うことができます。

有名なのはやはり、奈良の大仏さまでしょうか。

また京都三十三間堂の千体の千手観音さま、祈願で有名な成田山新勝寺の不動明王さまなど、どれもありがたく特徴があります。

このほかにも仏さまの種類は何千ともいわれ、ご利益もそれぞれ、かつバラエティに富んだ仏像に出会いに行くのもお寺めぐりの醍醐味のひとつです。

ところで、無数の仏さまのうち、誰が一番えらいといったランクづけがあるのでしょうか。

宗派によって「自分の宗派の仏さまが一番えらい」と主張することもあるかもしれませんが、できれば、どの仏さまも、役割が違うだけでみんな平等だと考えるほうがいいと思います。

85 仏さまはお釈迦様だけじゃないの？

いいえ。

前項でお話ししたとおり、たくさんの仏さまがいます。

たしかに仏さまといえば、もともとお釈迦さまおひとりだったのですが、時代とともにたくさんの種類の仏さまが生まれました。

その理由は、ずばり、「必要だったから」です。

病気を治してほしいときには薬師如来さま、子どもを救ってほしいときには地蔵菩薩さま、厄除け魔よけを願うときには不動明王さま、子宝や豊作祈願のときには大黒天さま、という具合です。

たとえていうなら、病院長であるお釈迦さまだけでも十分ありがたいのですが、個別の病状や相談のときには、皮膚科、耳鼻科、眼科、内科といった専門医のほうが頼りになるという切実な要請に応じ、無数の仏さまが登場したのです。

基本的には如来、菩薩、明王、天という四種類のグループにわけることができます。

如来は、悟りを開いた仏さまで、オールマイティのご利益を持つ、病院長のような存在です。

菩薩は、実力は如来レベルですが、あえて病院長に昇格せず、内科部長として現場にとどまり、直接私たちを診てくれる仏さまです。

明王は、恐ろしい形相からは想像できないやさしさを持つ、父親のような仏さまです。さまざまな道具でもって悪を追い払う、ストイックな修行でメスを振るう外科医のような存在です。

天は、他宗教の神さまがその特技を生かしたまま仏教の仲間入りをした仏さまで、病院の入り口で、悪人や病原菌が入り込まないように守ってくれるガードマンのような役割を持っています。

このようなさまざまな仏さまには、本来ランクづけはできません。

たしかに、組織上、病院長がいちばんえらいという表現はできますが、仏教では、病院長、専門医、技術者、ガードマンがそれぞれの役割を平等に果たすことで、病院が平和で安全に運営できるという価値観を持ちます。

仏像の文化財的な価値もお寺参りの楽しみではありますが、それぞれの仏像が担う役割が本来平等であるという教えが、私たちの毎日の生活に生かすことができれば、よりいっそうお寺参りの意義も高まるのではないでしょうか。

第
11
章

法事

◆「法事のやり方に、NGはありません」

法事のやり方は、宗旨宗派の教義の違い、地域や家ごとに大切にされている習慣などによって無数のやり方、組み合わせが考えられます。したがって「これをやっておけば大丈夫」という公式を提示することができないのが実際ですが、別な見方をすれば、無数のやり方があるということは、それぞれの事情に合わせて、どのようなやり方を選んでも大丈夫、ということでもあり、どれもまちがいではないのです。

法事は、施主さまやその家族だけでなく、親戚や仕事関係などさまざまな人が関わり合うイベントだけに、ときに意見の相違が生じ、せっかくの数年に一度の法事の機会が、心残りなものになってしまうことがあります。

本来、法事の主役は、亡き人とその家族であるはずです。といって、施主家が何でも好き勝手にやればよいということではありません。この章ではしっかりと法事の基本を知ったうえで、諸事情に合わせた一見異例と思われるやり方でも大丈夫、という理由（根拠）を見いだしていただけることが狙いです。

亡き人を始め、参列者の皆さまにとって、満足ゆく法事ができることをお祈りしています。

ぜひ参考にしてみてください。

86 焼香の順番は喪主から先に？

いいえ。

それぞれの考え方により、どんな順番でも大丈夫です。

なるほど、ご法事に限らずお葬式の場においても、亡き人にもっとも近いとされる近親者（喪主や施主）から、順番にお焼香をするのが慣例ですし、特に理由がない場合や、迷ったときは、その順番でよろしいと思います。

ただし、65ページの「葬儀」の章で、「喪主」について書きましたように、最近ではさまざまな家族事情により、そもそも施主・喪主が誰であるか、誰にすべきかさえ、迷う場面もありますし、各家庭にとって仏事は、形式よりも大切にしたいものがあってもよいと思います。

私がそう考えるようになったのは、数年前のご法事で、こんなご家族に出会ってからのことです。

「あなたから先に焼香するんですよ。その次は○○君ね」

読経中そんな声に振り返ると、普通であればいちばん先にご焼香してしかるべき、故人の奥様（施主）に先んじて、お孫さんたちが真っ先にご焼香をされています。

法事後、なぜお孫さんを最初にご焼香させていたかをおたずねすると、次のようなお答えがかえってきました。

「孫たちにとっては会ったこともないおじいさんの十七回忌。いずれ我が家の法事をになっていくのはこの子たちですから、私が死んだ後、おじいさんも大切に供養を続けてもらえるように、法事の主役を孫たちにしてるんです」

聞けばなるほどと思いますが、仏事の常識として、まったく逆をするのはなかなかできることではありません。法事を末永く大切にしたいという、このご家庭にとっての「智慧」を見たような気がしました。

私たちは、とかく仏事の形式やしきたりを優先してしまいがちです。

たとえばお葬式の焼香の際、「まちがえたら恥ずかしい」と作法のことばかりを気にしすぎてお参りしてしまうことがあります。

たしかに作法もたしなみとして大切ですが、亡き人への気持ちが後回しになっては本末転倒です。

『般若心経』には、悟りの境地に至るための智慧として「こだわりの心を捨てる」ことが説かれています。

「こうしなければならない」という、知識としての「知恵」を超えて、「これでもよい」という広い視野とやさしさのこもった「智慧」を仏事や生活に取り入れていくことで、少しずつ幸せになりたいものです。

87 法事の回数に決まりはありますか？

いいえ。

各家の事情に合わせて、自由に決めてかまいません。

まずは「法事」についての基本的なところからお話いたします。

法事とは、亡き人を弔い、のこされた家族や親族の悲しみを癒やすために行なう行事です。

一般的には、読経やお墓参りなどの儀式と、その後の御斎《おとき》（会食のこと）までを含めて法事と呼ばれます。

法事に似た言葉で「法要」があります。

「年忌法要」などと言われるように、読経など儀式の部分を法要、会食の部分を法事と呼んで区別する場合もありますが、明確な違いはありません。

回数ですが、一般的には、次の十三回を行なうことがすすめられます。

まず、亡くなった人が、次の世界に生まれ変わるまでの四十九日間に、七日ごとに七回の法要を行ないます。

最初は「初七日法要」といって、近年では無理なく親族が集まれるという理由で、お葬式の当日に行なわれることが多くなりました。

五回目の法要に登場する有名な閻魔大王をはじめとする仏さまたちに、来世への成仏を祈り、無事その願いが叶うのが四十九日法要ということになります（11ページの「四十九日までに必ず納骨しなければならないの？」を参照）。

その後は、百ヶ日忌、一周忌、三回忌、七回忌、十三回忌（十七〜二十七回忌までは任意）、そして三十三回忌まで、計十三回をつとめ上げ、「弔いあげ」とし、これ以降はご先祖の仲間入りをされるので、個別の法事をしなくなる、というのが一般的な法事の回数です。

これらの法事をすべて行なうかは、各家庭のご事情により決定し、無理なくせいいっぱいのお気持ちを向ければよいでしょう。

たとえば、最近では二七日から六七日までの五回の法要をできない場合が多くなっています。また百ヶ日法要は、四十九日法要で無事の来世が決まってから、初めて営む、意義ある法要なのですが、最近では省略されてしまいがちです。

年忌法要の回数、時期は、もともとインドで起こった仏教の教えだけでなく、中国の先祖供養信仰や日本独自の習慣が加わり一般化したものです。

法要は、無理して営むべきではありません。しっかりと意味を理解したうえで、集まる人の都合や各家庭の事情を鑑みて、ありがたい気持ちでとり行なうことが大切です。

たとえば、親族を招いての法事はできないけれど、月命日などには欠かさずお墓参りし、読経をされるというかたもいらっしゃいます。

このように法事は「親族が集まる」ことも大切な意味もありますが、亡き人とそのご家族がどう向き合うかも大切に営んでよいのです。

迷ったときは、ご家族や親族、身近なお坊さんに相談してみてください。

88 法事のときは、いつも同じ仏さまを拝んでいるのですか?

いいえ。

各法事ごとに、違う仏さまをお招きし、拝んでいるのです。

たとえば、三回忌は阿弥陀如来、十三回忌は大日如来という具合です。

ただし、各宗派の教義にもよりますので、ここではインドで起こった仏教に、中国の思想を経て日本に伝わった考え方をもとにお話しします。

「悟りを開くためにどう生きるか」を説いたインドの仏教が中国に伝わり、儒教の影響を受け、「死者も生きている人と同じように大切にしよう」という思想が加わりました。

具体的には、人の生命は現世だけで終わるものではなく、来世でも新しい人生を歩み続けているから、現世にのこる人は、その節目ごとに「十王」という尊格をたてて供養し、故人の生前の行ないを裁いたり、守ってもらおうという考え方です。

この十王は、やがて日本で「十三仏」という仏さまになりました。

各法事ごとの意義がより高まるよう、大切なかたを亡くし施主の心情に寄り添う役割を持つ仏さまを配置したとも考えられます。

たとえば、最初に営む初七日法要では、これから歩み始める死出の旅路が、魔物に邪魔されることなく、無事で安らかであることを願うために、恐ろしい形相や「剣」「縄」を持った不動明王に守護を依頼します。

四十九日法要では、心と体が安らかになる「薬」を処方してくれるご利益がある、薬師如来をお招きしますが、その理由は、この法要を境に、亡き人の魂はあの世に旅立ち、同時に生前のお体の一部である「お骨」とお別れすることが重なり、施主ら家族の悲しみは特に大きいことから、「薬」という、即効性が期待できるご利益がある薬師如来にすがるためです。

また、百ヶ日法要では、人の気持ちの観察力に優れた観音さまを拝みます。

四十九日法要はすんだものの、まだ気持ちに区切りをつけがたいという、施主の悲しみや心境をよく観察し、その気持ちに応じた姿に変化《へんげ》し、救ってくださる決意がもっとも強い仏さまだからです。

このように各年忌法要では、亡き人も、私たちも、同じように悩んだり迷ったりしながらそれぞれの世界を歩み続けているという前提で仏さまを配置しているのです。

このことから、年忌法要を単なる死者儀礼としてではなく、住む場所や姿かたちは異なるけれど、今もともに生きているという気持ちを持ってよいということを感じていただければと思います。

89 法事の意味、納得できないのは弱い人間だから?

いいえ。

法事が持つ意味、それだけにとらわれすぎなくても大丈夫です。

前項で、各年忌法要の意味、それぞれを担当する仏さまを配置している理由などをお話しました。

といって、「四十九日なので気持ちに区切りをつけるべきだ」「一周忌には明るく前向きにならなくては」などと、無理に思う必要はありません。

そもそも、大切なかたとの永遠の別れという、最大級の悲しみは、やれ「諸行無常」だとか「愛別離苦の摂理」だと急に言われたところで、すぐに癒えるものではないはずです。

まして、亡き人との関係性や信仰心によって、同じように読経を聞き、年月を経た人同士でも、等しく悲しみが軽減されていくわけでもありません。

「般若心経」というお経の中に、「不生不滅　不垢不浄　不増不減」という文句があります。

これは、生死の境、キレイなものとそうでないもの境、多い少ないの境、これらは人それぞれの主観によるもので絶対的な基準がないという言葉です。

つまり「あばたもえくぼ」、誰が見ても「あの人は美人だ」ということはありえませんし、「足《たる》を知る」というように、いくらお金を持っていても満足できない人より、お金の量に関係なく満足な生活をしている人もいます。

これと同じように、仏教では法事における人の気持ちに対しても、「これだけの供養をして、これだけの年数が経過したので、これくらい悲しみが減っただろう」と同じ価値基準で押しつけることをいましめています。

それどころか、たとえば親の死後、年数が経過し、人生経験を積むほど、以前は気づくことができなかった亡き親の気持ちに気づき、より悲しみが大きくなることもあるだろうと、仏教では、人それぞれに違う思いがあってよいことを認めてくださっています。

各法事における意味はひとつの参考値として知っていただいたうえで、そのときのご自身のあるがままの気持ちを大切に、年忌法要に向き合っていただきたいと思います。

90 法事に親戚をどこまで呼ぶか、決まりはありますか？

いいえ。

きちんと配慮をすれば、決まり、しきたりにとらわれることはありません。

といって、親戚づきあいを軽視して、むやみに呼ぶ呼ばない、行く行かないを決めてよいと言っているわけではありません。

法事は、呼ぶ人の事情、呼ばれる人の事情、さまざまですから、熟慮と相談を心がけて、お互いが無理なく気持ちよくとり行ないたいものです。

これまでも各項でお話しているように、この種の話に基準値はありません。

まして、育った環境や、地域による習慣の違い、さらに徐々に高齢になるなど、状況の変化もあり、一概に決められないのが実情です。

ハウツー本などでは、「四十九日までは葬儀に呼んだ人全員を呼ぶ」「一周忌、三回忌と、年数とともに呼ぶ範囲は少なくする」などと一定の基準を示している場合もありますが、たとえば、「十三回忌以降は親戚は呼ばないようにするので、盛大に集まって営もう」などということもありますから、結局は各家庭の方針でよろしいということになるでしょう。

配慮したいのは、「遠方、高齢だから、呼ぶのはかえって迷惑ではないか」「こちらのときは呼んだのに呼ばれなかった」「孫の嫁の親まで声がかかって困惑している」など、双方の思いに行き違いが生じないようにしたいことです。

たとえば呼ぶ側は、呼ばない人に「今回の法事はこのように無事とり行なった」という旨のていねいなご報告をするなど配慮が考えられます。

また、出席を断るような場合は、早め、かつていねいな対応をして、できればお気持ちのお香典をお送りするなどして、礼をつくすのがよいでしょう。

時代とともに親戚づきあいの範囲や密度も少なくなっているように感じます。

これを、親戚を呼ばなくてもよい理由ととらえるか、そんな時代だからこそ親戚づきあいを大切にするかはそれぞれですが、できるだけトラブルを少なく法事ができるように配慮をしていただきたいと思います。

91 仕事の都合などでちょうどの日にちに法事をできないのはダメ？

いいえ。

さまざまな事情を考慮し、もっとも無理なく、たくさんの人に集まってもらえる日を選んでいただきたいものです。

年忌法要は、亡くなった日から数えて四十九日目や百日目、また一周忌以降は、亡くなった日（命日）ちょうどに法事をとり行なうに越したことはありません。

ただし、ちょうどの日にちに法要を営むことは現実問題として難しいのが最近の実情です。施主家族の仕事の都合や、僧侶やお寺の行事との兼ね合いもありますし、そもそも最初の法事である初七日法要を、さまざまな現代的事情を考慮し、葬儀当日に行なうのが通例となっている昨今です。

したがって法事は、ちょうどの日程にこだわりすぎて、来られなくなる人が多くなったり、無理をさせてしまうよりも、日程をずらしても、より多くの人が無理なく参列できる日を選ぶことのほうが意義があります。

よく、あとにずらすのはよくないとも言われるようですが、これも根拠に乏しく、「うっかりして遅くなった」のでない限りは大丈夫です。

また、命日が近い複数の故人の法事を合同で行なうために、日程を調整することも私は大丈夫だと考えています。

これは地域や寺院によってそれぞれ方針が異なりますので、迷った場合はご縁のお坊さんに相談してみてください。

92 一周忌までは喪服を着たほうがよい？

いいえ。

いつまで喪服を着るかどうかは、ご家庭、地域などによってそれぞれです。

仏事のハウツー本やネットの情報を見ても、「一周忌には着ない」「一周忌までは着る」など、意外とあいまいです。

ただし、「一周忌まで喪服を着る」という根拠は、明治七年に出された太政官布告による、喪中期間の定めによるものと考えられます。もちろんこの布告は現在廃止されていますが、これによると、故人との続柄によって喪中期間は厳密に定められており、もっとも長い「父母」の関係で十三カ月とあります。喪服は喪中期間に着用するわけですから、これが現代のマナー基準の名残りなのかもしれません。

ただし、法事に参列するのが家族だけの場合などは、喪服に準じた服装でも構わないと思いますし、何回忌を迎えようと喪服を着用する、これも気持ちを表すうえで大切なことです。

その後の会食の有無や、他の参列者とのバランスなど、ＴＰＯにも配慮しつつ、形式にこだわりすぎず当日の服装を決めていただきたいと思います。

93 法事で泣く赤ちゃんを外に連れ出さないとダメ？

いいえ。

配慮したいお気持ちは理解できますが、あまり気にしすぎなくても大丈夫です。

本堂に響きわたる厳粛なお経の声――たしかに法事は、携帯電話などの音には配慮が求められる場面ですが、クラシックコンサートなどと違い、法事とは新しい命が生まれたことなど、今の家族の姿を亡き人に伝える意義があります。したがって、お経の響きに混ざり合う、赤ちゃんの泣き声も含めて法事なのです。

とかく法事とは「お坊さんにお経を読んでもらう」という受動的な意味で理解されがちです。

しかし、本当に大切なのは参列する皆さまが、能動的にそれぞれの今の思いを亡き人に向けることなのです。

ゆえに「赤ちゃんの声でお経を邪魔してはいけない」というよりも、法事の主役は参列する家族ひとりひとりである、という気持ちを大切に法事にのぞんでもらうほうが、お経を唱えている私たち僧侶もありがたく思っているのです。

94 法事は午前中にしないとダメ？

いいえ。

午後に開始しても、法事の開催意義に影響することはありません。

たしかに「法事は午前中にしないとダメ」とはよく聞かれることですが、仏教的な根拠は見いだせず、午前中にしたほうがよい理由は、法要のあとの会食の都合、つまり昼時の会食ができることがあげられます。

法事といえば、お経も大事ですが会食はもっと大事と考える人も多いので、必然的に午前中の開始を希望されるのではないでしょうか。

また、大切なことはとにかく早めに、という道徳的意味もあるのではないでしょうか。一日のうちで「何かをしてから、その次に法事」では「ついで参り」のようになってしまいますから、亡き人に少しでも早く会いにいくことを心がけるべき、という戒めとも考えられます。

さらに、参列者の住まいによっては、早い時間に終わらないとその日のうちに帰れない、あるいは帰りが遅くなってしまう、などの事情が考えられます。

いずれにせよ、これらは午後の法事を否定するほどの事情ではないように感じます。

ちなみに私の寺も含め、土日ともなると朝から夕方まで法事の予約をおとりする寺院もありますし、最近では、夜の会食を想定した、夕刻からの法事を受けつける寺院もあるそうです。

法事はできるだけ多くのかたが無理なく集まり、心をこめて亡き人をしのぶことを優先し、開始時間に影響される必要はありません。親戚などから指摘を受けたときには自信を持って対応していただきたいと思います。

95 ペットにお経をあげるのは無意味？

いいえ。

ぜひお経をきかせてあげてください。

よく、ペットにお経をあげなくてよい理由のひとつとして、「人間の言葉を理解できないから」と言われますが、私たち人間も、その多くはお経の意味を理解してないで聞いていますよね。

もっとも私たちは、お経を学んで「いずれは理解できる可能性がある」という点では、なるほどペットとは同列にできないかもしれません。

しかし、お経には「聴くだけで功徳がある」「音そのものに意味がある」という恩恵があります。

そして、お経をあげる意味は、亡くなった人や動物に聴かせるだけが目的でなく、悲しみにくれる人に対して寄り添うなどの意味があります。

人も動物も同じように大切にしている人にとっては、死別の悲しみに人間と動物の区別はありません。

しっかりと人間と同じように法事をとり行なうことは、大変意義があることだと思います。

第12章

自分の葬儀

◆「葬儀は自分の安心のために」

一昔前、「親の葬儀は子が取り仕切る」ことがあたりまえで、「自分の葬儀を自分が考える」ことは、ほとんどありませんでした。

葬儀式には大きく二つの意味があります。

ひとつは「宗教儀礼」です。

仏式の場合は、僧侶がお経を唱え、ご引導を渡し、戒名を授けるなどの作法をします。

もうひとつは「告別式」です。親族や生前お世話になったかたがたを招くお別れ会であり、家を継ぐ次の世代の子どもたちのご挨拶の場でもあります。

ところが、長寿、少子化が進み、最近ではそもそも葬儀をやってくれる人がいない、葬儀に集まる人がいないなどの事情で、「告別式」を縮小する「家族葬」が増え、それに連鎖して「宗教儀礼」も省略し、火葬のみですませる「直葬」も増加しています。

これまで自分の葬儀は、「家を継ぐ子どもたちがやってくれる」、したがってお墓も仏壇も守られていく、という漠然とした安心感に守られていました。

しかし、今後、家を継ぐ子どもどころか、「看取り」をしてくれる人さえ居ない、「ひとりで死んでゆかねばならない」かたが急増することはまちがいありません。

そんな時代だからこそ葬儀は「子どもや参列者」のためではなく、自分の人生の総まとめであり、次の世に命をつなぐための儀式ととらえることが「自分自身の安心」につながるはずです。

そのために、どのようなことを考えておけばよいのか、その一助となるようにこの章をまとめてみました。

96 自分の葬儀のことは考えたくないのですが……

いいえ。

考えておいたほうが、より安心して毎日を過ごすことができると思います。

「葬儀」とは、71ページの「葬儀の形式」の項でお話したとおり、お経や祭壇など、儀式の部分だけでなく、死の前後のさまざまな手続きを含みます。

このような人生最後の葬儀を考えておくことは、将来の不安の解消でもあり、今を生きる安心につながるのです。特に延命や病気の告知、お墓をどうする、といった仏事に関しては、高齢を迎えたり、病気になったりすると冷静に前向きに決めにくくなりますので、できるだけお元気なうちから考えておくことをおすすめします。

自分の最期のことを決めておくことはつらいことですが、たとえば生命保険に入るときも、自分の死を意識することであり、イヤなものに感じることもありますが、ひとたび決めてしまえば大きな安心につながります。

それと同じように、誰もがいずれ迎える「そのとき」に向け、自分自身が安心して死を迎えられるよう、元気なうちに決めておくことをおすすめします。

97 家族葬をすることはさびしいことですか？

いいえ。

決してさびしい、ということはありません。

かつて葬儀式の大きな役割は、「悲しむ場、お別れを盛大にとり行なう場」に加え「華やかな、次世代への引き継ぎ、後継者披露の場」であり、葬儀は本人のためより、のこされた家族、つまり「家」のためのものでした。

時代が下り、個人の意志も尊重できるようになった昨今、葬儀は「家」だけのためではなく、「個人」の人生をしめくくる儀式という意味が大きくなってきました。

それに、かつて類を見ないほどの長寿社会に突入した現在、そもそも、かつてのように親族や仕事関係者など、多くの人が参列すること自体が少なく、また、遠方かつ高齢などの親族への配慮という事情も加え、家族葬のような形式でとり行なうことは、もはや必然の流れです。

ゆえに、たとえ規模は小さくても、心のこもった自分の人生を反映するような葬儀を検討することは決してさびしいことではありません。

といって、各方面に配慮なき安易な家族葬は、ときにトラブルになったり、手間を省いたつもりが、かえって大変なことになったという事態につながる場合もありますので熟考と相談が必要です。

98 家族葬の場合、祭壇は不要でもよいですか？

いいえ。

本来、家族葬にすることと、祭壇を不要にすることとは別問題です。

祭壇は、遺影や棺、位牌を美しく飾るための、亡き人とお別れをする場に大切なものですから、一般の会葬者を呼ばない家族葬でも、家族のために用意してよいのです。

祭壇を飾る部屋も用意しないと、いわゆる「直葬」となり、遺体は安置所に置かれ、火葬直前のわずかな時間をのぞき、ゆっくりと遺体とお別れすることはできなくなります。

昔のように家に遺体を帰すことができにくくなった時代、たとえ小さな部屋、小さな祭壇でも用意することで、亡き人を囲んで語らう場となり、心豊かなお別れができると思います。

99 自分の葬儀は不要と考えていますが、大丈夫ですか？

いいえ。

考えているだけでは、「葬儀不要」は実現できません。

最近「葬儀は不要です」と望むかたが増えています。

「不要」という言葉には、「家族に負担をかけぬよう、豪華な祭壇や読経、戒名は不要、身内だけで見送って荼毘に付し、お墓に入れてさえくれればよい」という、「直葬」と呼ばれる簡素なやり方をイメージをされているかたが多いようです。

「葬儀」という言葉の定義で言うと、たとえ直葬でも手続きとして必要な「葬儀」の一部ですから、まったくの「不要」ということにはできません。

したがって「不要」ではなく、簡素な葬儀を実現するためにはどうするかと考えを整理しなければばなりません。

たとえば、家族に「葬儀不要」といくら言い残していても、子どもの理解を得られなかったり、子どもの社会的立場によっては、親の意志とは関係なく豪華絢爛な葬儀が施行される例もあります。

自分にとって、「葬儀」のうちのどこからどこまでが不要なのか、なぜ不要なのかを、葬儀をとり行なう家族らとよく話し合い、双方の折り合いをしっかりつけておくことが必要です。

100 延命治療せず尊厳死を選ばないとダメですか？

いいえ。

誰もが尊厳死を決められるほど強くありませんし、また途中で考えが変わることもありますので、柔軟に考えておくことが大切です。

延命治療の方針に対する生前の意志を「尊厳死の宣言書」として作成、保管してくれる「一般財団法人、日本尊厳死協会」という団体があります。

いざというときの延命治療の判断を家族や親族が迷わないよう、延命治療を望まないかたなどが登録され、年々その数は増加しています。

延命治療やがん告知、臓器提供など、自分自身での意志表示が難しくなる、終末期に関することは、元気なうちに家族などに意志を伝えておくことが大切です。

家族がない場合、現状では血縁者の判断が重視されます。

仮に本人と生前の交流があろうとなかろうと、延命の判断では、そのときに連絡がとれた血縁者が判断することになり、その責務や負担は重く、本人の生前意志も反映できにくくなります。

ゆえに日ごろから延命などに対する方針を書き記しておくことが安心です。

以前は延命不要のつもりでも、たとえば、医療の進歩により、不治だった病いが治る見込みが出てきたり、月日の経過とともに延命をしてほしいと思うようになるなどの理由で、方針が変わることも十分考えられますので、常に書き直すという柔軟な心づもりも必要です。

そのうえで気をつけたいのは、終活や生前意志決定の意義がクローズアップされる昨今、尊厳死を選ぶことのほうが、「徳が高い」「潔い」「よい死に方」のように言われ、世の中の「べき論」が同じ方向を向いていくことです。

なるほど、仏教的には、治療の手は加えず、与えられた天命をまっとうすることも理想かもしれません。

しかし、人の考え方、生き方は千人千とおり、皆々が同じ考え方を持たなくてもよいと認めてくださっているのもまた、仏教の教えです。

ましてや、そう簡単に誰もが「いさぎよい死」を選択できるわけがありません。

少しでも可能性があるのならと、延命治療にこだわることも決して悪いことではありません。

101 孤独死は、恥ずかしいことですか？

いいえ。

いまや、華やかだった芸能人でも孤独死する時代です。

昨今、死後誰にも発見されず、数日が経過して発見されるという孤独死のニュースをよく耳にします。

孤独死のニュースに触れるたびに、誰にも看取ってもらうことなく人生を終えたことに対し「かわいそう」との声が少なからず聞かれますが、果たして本当にかわいそうな人生だったかどうかは、本人にしか決められません。

結局のところ、人は「ひとりで生まれ、ひとりで死にゆく」ものだと思います。

少子高齢社会、長寿社会はさらに加速し、単身世帯はどんどん増加していきます。

それでいてかつてのような社会的入院も現在の医療制度では不可能、施設も足りず、病院や施設で亡くなることさえままならない時代、そもそも、家族親族に看取られ天寿をまっとうすること自体が難しい時代にすでに突入しています。

とはいえ、死後日数が経過すると、ご遺体の処理にあたる人だけでなく、ご近所や大家さんにも負担をおかけすることになりますので「物心両面」の準備をしておくことも大切です。

まず「物」の面では、警備会社などが提供する、一定時間動きがないことを感知し知らせる「見守りシステム」が有効です。

これも元気なうちの手続きをおすすめします。

なぜなら、判断能力の低下や認知症になってからでは、申し込みができない場合があるからです。

また、「亡くなったらすぐにかけつける」ための準備だけでなく、家族や近所との日ごろの連絡交流や、ひとりで悩まずに誰かに相談をするなど、「心」の面の充実が大切です。

集合住宅の自治会の見守り運動、新聞や飲料配達会社との連携など、積極的に地域社会の取り組みやサービスを利用し、安心につなげていただきたいと思います。

102 遺影を用意しておくことは縁起が悪いことですか?

いいえ。

元気で若々しい姿を末永くのこしておきたいと考える人が増え、最近では、遺影専門の写真館も登場するなど、生前に遺影を用意しておくことはむしろ流行しているともいえるでしょう。

遺影は、かつての「黒縁、黒服、無表情で、仏間に飾る」から、「自分らしい服で、笑顔で、身近に置く」というように変わってきました。

生前のいきいきした姿が家族を元気づけたり、場合によっては位牌の代わりに写真を、という人もいるほど、遺影の持つ役割が大きくなってきているのです。

このように、末永くたくさんの人に見てもらいたい写真を、自分で準備しておくことは、大きな楽しみにもなると思います。

さらに進んで、62ページの「インターネット墓」の項で紹介していますが、最近ではより多くの人が、いつでもどこからでも亡き人の写真を閲覧し、しのんでもらうことができる「インターネット墓」も登場しています。

103 直葬にすると、お坊さんは来てくれませんか？

いいえ。

たとえ直葬でも、お坊さんに来てもらうことはできます。

直葬とは、式場を用意せず、遺体を直接火葬場に送る葬送のことですから、多くの人は、お経をあげてもらう場所がないゆえに、直葬＝お経は不要と考えてしまいがちです。

しかし本来、直葬にすることと宗教儀礼は別に考えるものですから、お坊さんに見送ってもらいたいという考えは持ってよいのです。

具体的には、遺体安置所での「枕経」や、火葬場での「読経」が考えられます。

お見送りする家族親族、友人らが少なくなる時代、限られた時間の中で故人の宗教観をまっとうし、のこされた人の支えにもなりうる宗教儀礼を行なうことは、おおいに意義があります。

「直葬にしたら菩提寺の墓に入れることを断られた」と聞くことがあります。

これは、菩提寺住職との事前相談不足が原因かもしれません。

昨今ではどうしても直葬にしたいさまざまな事情がありますので、事前に相談をしておけば、住職も理解を示し、直葬という現場での限られた時間のお経でも、通常の葬儀と同じようにお導きいただけるはずです。

104 通夜を行なわないとダメですか？

いいえ。

一日だけの葬儀でも、大丈夫です。

通夜式を行なわず、葬儀、お別れ会、火葬までを一日ですませる形式の葬儀を「一日葬」などと呼んでいます。

最近では会葬者が少なく、家族や近しい親族だけでとり行なう場合や、どうしても日程の都合がつかない場合などに行なわれるようになりました。

しかし本来通夜式は、会葬者の人数によってするしないを判断するものでなく、近親者が夜通し故人を悼みお別れする大切な時間です。

諸事情で一日葬にする場合でも、しっかりと故人に思いを向けて一夜を過ごすことを心がけたいものです。

105 生前葬をすることは縁起が悪いことですか？

いいえ。

積極的に自分の死に向き合ううえで、とても大切なことだと思います。

近年、芸能人や起業家など、著名な人の生前葬が増えています。

話題になったのは、水の江瀧子さん、養老孟司さん、テリー伊藤さんなどでしょう。

生前葬を行なうのは、一部の著名人に必要なこと、と思われがちですが、実は私たち一般の人も、生前葬を行なうに十分な理由があります。

実際に私が住職をつとめる寺で生前葬をとり行なった事例を紹介致いたします。

数年前、「今のうちに兄姉との別れをすませておきたいので、生前葬をしたいのですが」と、Eさんが寺に相談に来られました。

Eさんは当時七一歳、子どもはなくひとり暮らし、七人兄姉の末っ子です。

いずれ自分が死を迎えるときに、高齢かつ健康状態も不安な兄姉が遠方からやってきて、一般的な葬儀を行なうことはまずできないと思うので、兄姉全員が元気なうちに集まってもらい、「生前葬」という形でお別れの宴をし、心に区切りをつけておきたい。

ただし、実際に亡くなったときにお経もあげずに火葬されるのは抵抗があるし、本当にあの世に行けるのかも不安。そこでいまのうちに戒名も授かっておきたい、というのが相談の趣旨でした。

私はおおいに賛同し、後日兄姉全員が寺に集まり、無事生前葬をとり行ないました。この日に合わせ生前位牌も作り、死後は寺が永代保管、供養することにもなりました。

このような趣旨の生前葬は、実際に亡くなったときの葬送儀礼の簡素化と、宗教的安心を個別に実現する方法のひとつとして、とても意義があると思います。

106 財産がないので、遺言は不要ですか？

いいえ。

なるほど遺言といえば、主に財産分与をどうするかを決めておくもの、というイメージがあります。

また、「うちの子どもたちはみんな仲がいいから、遺言を書かなくても大丈夫」と、いうかたもいるでしょう。

しかし最近では、「遺言を書いておいてくれればよかったのに」というご遺族の声も聞かれます。

遺言は、あの世へ旅立つ人が、のこされた人に贈る最期の意志なので、財産の大小や、相続人らの現在の状況にかかわらず、書いておくことは、さまざまなトラブルを防ぐことにもつながり安心です。

遺言には財産分与のほかにも、遺言執行者の指定や、お墓や仏壇、供養を継承してくれる人（寺などの法人でも）を指定しておきたい場合、さらには生命保険金の受取人の指定などにも有効です。

また、遺言にはこの他にも「付言事項《ふげん》」といって、自由にお気持ちを書きのこすこともできます。

たとえば、「きょうだい仲良く暮らして欲しい」「お母さんを支えてみんなで協力してほしい」「晩年お世話をしてくれた○○に感謝しています」「葬儀はできるだけ簡素にしてほしい」「お骨は○○に葬ってほしい」などです。

付言事項には法的拘束力はありませんが、家族などへの要望や、感謝の意を伝えることで、遺族にとっては亡き人の生前意志や気持ちを知ることになり、大きな意義があります。

旅立つ人、のこされる人、双方の安心のためにめもぜひ、遺言の幅広い安心を活用してみてはいかがでしょうか。

107 遺言は自分で書いて保管しているので安心しています。

いいえ。

自分で書いた遺言でも、一定の安心にはなりますが、内容によっては公正証書遺言を作成しておくことをおすすめします。

そもそも遺言には、❶公正証書遺言、❷自筆証書遺言、❸秘密証書遺言があります。

❷は、ご自身で手軽に作れる反面、遺言者本人が保管しなければなりませんので、紛失、偽造、隠匿どの心配がありますし、開封時に裁判所の検認が必要になるなど、この扱いをあやまると無効になる可能性もあります。

それに対し、❶は、公証人役場で公証人という公務員によって作成してもらいます。

検認も不要で、原本が公証役場で保管されるので紛失の心配がありません。

なにより、全国の公証役場から検索ができる利点があり、このような点から作成手続きや費用は大変ですが、私は公正証書遺言を作成しておくことをおすすめします。

108 「エンディングノート」は、法的効力がないので無意味ですか？

いいえ。

遺言とは異なる目的、意味もありますので、ぜひご検討してみてください。

エンディングノートとは、文字どおり「最期のノート」ともいうべき、自分の人生や、のこされる人に贈る言葉、終末期や死亡時、死後にやってほしいことなどを自由につづるノートのことです。

遺言にはさまざまな役割があるものの、主たる目的は、財産分与などの生前意志をのこし、執行してもらうことを法的に担保しようとするものです。

これに対しエンディングノートは、「遺言まで作らなくても……」というかたが気軽に「自分史をまとめる」「自分らしい終末を迎えるため」に書く、そんなニュアンスのものと言えるでしょう。

書く内容は自由です。

家のルーツや家系図、お世話になった友人や親族のこと、思い出や経歴の整理など、子どもたちに知っておいてほしいことや、延命治療や尊厳死、臓器移植に対する考え、葬儀のやり方、誰を呼んでほしいかなど、どのようなことでも大丈夫です。

106ページの106「遺言」項目でもお話しましたように、遺言でも付言事項で同様の意志を残すことはできますが、エンディングノートには、次のようなメリットがあります。
・決められた書式にしがたわなくていい自由度がある
・きめ細やかに、存分に意志を書きつづることができる
・家族らと日常的に、気軽に意志を確認し合うためのよすがとなる
・身近に置くので、いつでも、思い立ったときに変更や追記ができる
遺言のように法的効力はないものの、身近な人に手軽に、効率的に生前意志を伝えるという目的だけでなく、「自分がこの世に生きた記録」を残すという、心の支えにもなるという大きな意味があります。

種類も豊富で、書店などで手軽に求めることができますので、ぜひ一度手にとってみてはいかがでしょうか。

おわりに

「もう一度、息子の一周忌をやりたいんです」

私が本書を執筆したいと思ったのは、この言葉が発端だったのかもしれません。

それは、中学生の息子さんを亡くしたＡさんからのご依頼でした。

Ａさんは空海さんを信仰していて、真言宗の教えをとても大切にされています。

しかし、ご実家はある宗派のお寺の檀家になっているため、息子さんのお葬儀やお盆迎え、一周忌法要や、お仏壇かざりは、そのしきたりで行なっています。

そんなＡさんが、真言宗の読経で二度目の一周忌をやりたいというので、そのわけを聞くと、そのご住職は、葬儀の際、息子さんの死因について根掘り葉掘り聞かれて以来好きになれない、四十九日法要や初盆法要のとき、仏壇に供えた息子さんの大好物にダメ出しされたりと供養に納得できていなかった、そして何よりＡさん自身が真言宗、空海さんの教えが好きだったこと、そんなお答えが返ってきました。

Ａさんのご主人は、「妻が納得するのであれば」とご了承されているとのことでしたので、ご依頼を引き受けることにしました。

場所はご自宅に祀られている、ご自宅のお仏壇の前。

私は真言宗の僧侶ですから、真言宗のお経をお唱えしましたが、お経の最後にここに祀られているご本尊さまを称えるお経を唱えて、おつとめとさせていただきました。

このとき私たちが選択した仏事のやり方は、どこをとっても「常識」「マナー」からは逸脱したものだったかもしれません。

またそのご住職に対しても、一周忌の法事を断わっているわけではないとはいえ、大変失礼にあたる行為だったかもしれません。

しかし、仏事は「誰のために、何のために」、そして「納得できること」がもっとも大切だと思いますし、仏さまの仮の姿ともいうべき仏事に、正解はひとつではないと思うのです。

仏教僧侶としてお寺に身を置いていると、仏事に限らず、さまざまな相談をお受けし、そのつど、むずかしい対応を迫られることが多々あります。

そんなときに指針とするのは、世間では「非常識」と見られることでも、仏教の世界では「常識」として「それで大丈夫」と共感できる智慧を、きっと見いだすことができるということです。

いまだ経験未熟な若輩僧が、仏事の本質、人の苦悩に対し、はなはだおこがましい愚見を申し上げてしまいました。

本書の内容にご無礼、あやまりがあれば、つつしんでおわびし、今後の成長の糧としたく存じます。

また、本書の出版に際し、編集者小田明美さまに大変なお世話とご苦労をおかけしましたこと、そして、僧侶としての私を日々成長させてくださっている、功徳院にご縁の皆さまに、心より感謝申し上げます。

合掌

平成三十一年三月一日

松島龍戒

松島 龍戒 まつしま・りゅうかい
高野山真言宗功徳院住職
1968年、神奈川県生まれ。高野山にて4年間修行、高野山大学大学院文学研究科修士課程修了。高野山真言宗・功徳院の住職として仏教伝道に尽力するとともに、一般社団法人現代仏教音楽研究会の代表理事、認定臨床宗教師として、お経や仏教声楽「声明」の普及研鑽に励んでいる。著書『癒しの声明CDブック』(小社刊)、『CD付き書く、唱える、聴く般若心経手習い帖』(池田書店刊)ほか。爆笑問題のTV番組『ぶっちゃけ寺』出演の人気僧侶。
公式HP http://www.tera.jp

それでいい!
今どきの仏事108問答

2019年3月28日 第1版第1刷発行

著者 松島龍戒
発行所 WAVE出版
〒102-0074 東京都千代田区九段南3-9-12
TEL 03-3261-3713 FAX 03-3261-3823
振替 00100-7-366376
E-mail: info@wave-publishers.co.jp
http://www.wave-publishers.co.jp
印刷・製本 シナノパブリッシングプレス

NDC180 19cm 191p
ISBN9784866212036